Home office

UM GUIA PARA
ORGANIZAR
SUA VIDA
PROFISSIONAL
E PESSOAL

ADMINISTRAÇÃO REGIONAL DO SENAC NO ESTADO DE SÃO PAULO
Presidente do Conselho Regional: Abram Szajman
Diretor do Departamento Regional: Luiz Francisco de A. Salgado
Superintendente Universitário e de Desenvolvimento: Luiz Carlos Dourado

EDITORA SENAC SÃO PAULO
Conselho Editorial: Luiz Francisco de A. Salgado
Luiz Carlos Dourado
Darcio Sayad Maia
Lucila Mara Sbrana Sciotti
Luís Américo Tousi Botelho

Gerente/Publisher: Luís Américo Tousi Botelho
Coordenação Editorial: Ricardo Diana
Prospecção: Dolores Crisci Manzano
Administrativo: Verônica Pirani de Oliveira
Comercial: Aldair Novais Pereira

Edição de Texto: Eloiza Mendes Lopes
Preparação de Texto: Bruna Baldez
Coordenação de Revisão de Texto: Janaina Lira
Revisão de Texto: Maitê Zickuhr
Coordenação de Arte: Antonio Carlos De Angelis
Capa, Projeto Gráfico e Editoração Eletrônica: Veridiana Freitas
Imagens: Adobe Stock Photos
Coordenação de E-books: Rodolfo Santana
Impressão e Acabamento: Gráfica CS

Proibida a reprodução sem autorização expressa. Todos os direitos desta edição reservados à
EDITORA SENAC SÃO PAULO
Av. Engenheiro Eusébio Stevaux, 823 –
Prédio Editora – Jurubatuba –
CEP 04696-000 – São Paulo - SP
Tel. (11) 2187-4450
editora@sp.senac.br
https://www.editorasenacsp.com.br

© Editora Senac São Paulo, 2023

Dados Internacionais de Catalogação na Publicação (CIP)
(Simone M. P. Vieira – CRB 8ª/4771)

Garcia, Luciana
Home office: um guia para organizar sua vida profissional e pessoal / Luciana Garcia. – São Paulo : Editora Senac São Paulo, 2023.

ISBN 978-85-396-5162-7 (Impresso/2023)
e-ISBN 978-85-396-5161-0 (ePub/2023)
e-ISBN 978-85-396-5160-3 (PDF/2023)

1. Home office 2. Organização 3. Produtividade 4. Gestão do tempo 5. Organização profissional I. Título. II. Série

23-1916g   CDD - 658.315
                                  658.314
                            BISAC BUS030000
                                  BUS041000

Índice para catálogo sistemático:

1. Gestão de pessoas : Administração 658.315
2. Comportamento organizacional : Administração 658.314

Home office

LUCIANA GARCIA

UM GUIA PARA
ORGANIZAR
SUA VIDA
PROFISSIONAL
E PESSOAL

EDITORA SENAC SÃO PAULO — 2023

SUMÁRIO

NOTA DO EDITOR, 7

DEDICATÓRIA, 9

AGRADECIMENTOS, 11

PREFÁCIO, 13

APRESENTAÇÃO, 17

INTRODUÇÃO, 23
- O PROCESSO DO SISTEMA EM HOME OFFICE, 23

PARTE 1 → 29

VOCÊ

- APARÊNCIA GERAL, 31
- FOCO NO ROSTO, 41
- CORPO SAUDÁVEL, 43
  - ATIVIDADE FÍSICA, 47

PARTE 2 → 57

SEU ESPAÇO

- A IMPORTÂNCIA DO AMBIENTE DE TRABALHO, 59
- ORGANIZAÇÃO, 69
  - MATERIAIS, 70
- ASPECTOS VISUAIS E ESTÉTICOS, 76
  - PARA UMA MENTE SAUDÁVEL, 76
  - DERRUBANDO BARREIRAS, 78
  - PREPARANDO O ESPAÇO, 79
  - CORES, 82
  - OUTROS ASPECTOS VISUAIS E PSICOLÓGICOS, 93

PARTE 3 → 95

O ENTORNO

- ✱ SOM, 97
  - ↳ MÚSICA, 100
- ✱ RESIDENTES E VISITANTES, 105
  - ↳ CRIANÇAS, 110
  - ↳ IDOSOS, 115
  - ↳ DEMAIS MORADORES, 121
  - ↳ ANIMAIS DE ESTIMAÇÃO, 123
  - ↳ SE NADA DISSO ESTIVER FUNCIONANDO, 129
- ✱ IMPREVISTOS, 132
  - ↳ COMPUTADOR, 132
  - ↳ REDE, 135
  - ↳ IMPRESSORA, 136
  - ↳ QUEDA DE ENERGIA ELÉTRICA, 137
  - ↳ A CASA, 137

PARTE 4 → 141

SEU TRABALHO

- ✱ POSTURA PROFISSIONAL, 143
- ✱ LINGUAGEM CORPORAL, 148
- ✱ ZOOM FATIGUE E FOBIA DE WHATSAPP, 151
- ✱ COMUNICAÇÃO A DISTÂNCIA, 154
- ✱ PLANEJAMENTO E GESTÃO DE ATIVIDADES (TEMPO), 159
- ✱ "PRODUTIVIDADE EM EXCESSO", 169

PARTE 5 → 179

SUA ROTINA

- ✱ ALIMENTAÇÃO, 181
- ✱ MERCADO, 187
  - ↳ SISTEMA DE ORGANIZAÇÃO PARA DESPENSA E ÁREA DE SERVIÇO, 188
- ✱ LIMPEZA, 190

CONCLUSÃO, 195

REFERÊNCIAS, 197

Nota do editor

Uma das grandes transformações que vieram com a pandemia de covid-19 foi a ampla adoção do home office. Os impactos positivos disso, tanto para as empresas quanto para os trabalhadores, levaram à consolidação definitiva dessa prática como uma nova maneira de exercer a atividade profissional.

Foi pensando no desafio que é adaptar a rotina e o ambiente domésticos ao trabalho que a autora Luciana Garcia elaborou este guia. Trazendo orientações e estratégias para quem trabalha de casa, o livro discute a importância de planejar as atividades e cuidar de aspectos como ambiente, imagem pessoal, comunicação à distância e até alimentação e limpeza para conciliar as demandas profissionais e pessoais, produtividade e bem-estar.

É em resposta a essa questão tão atual que o Senac São Paulo publica este livro. Nosso objetivo é não só ajudar profissionais a mapear o que é preciso fazer para ser mais produtivo e cumprir as demandas diárias, mas discutir formas mais humanizadas de trabalhar, que proporcionem, muito além de eficiência e projetos bem-sucedidos, o essencial a qualquer profissão: qualidade de vida.

Boa leitura e bom trabalho!

Dedicatória

Nem tenho palavras suficientes para agradecer ou expressar quanto a Paula Hermógenes foi fundamental para a existência deste livro.

Mulher inspiradora, grande amiga, excelente parceira de trabalho, visionária, cheia de energia, contagiante, não apenas me deu a ideia de escrevê-lo como me incentivou a seguir em frente de todas as maneiras possíveis.

Não fosse o bastante, sua bagagem e entusiasmo quanto a temas como coaching, planejamento, produtividade e gestão do tempo me trouxeram novo olhar para minha própria relação com o trabalho, mudando meus hábitos e despertando em mim novos interesses de aprendizado.

Este livro só existe por sua causa, Paula. Te agradeço "infinito".

Que o nosso esforço resulte em vidas produtivas e com qualidade de relacionamentos para todos, como sempre desejamos.

Agradecimentos

Agradecemos a todos os especialistas e trabalhadores incríveis que separaram parte de seu precioso tempo para nos ajudar neste projeto.

Em especial, à coach e parceira de trabalho Paula Hermógenes; ao psiquiatra Luís Pereira Justo; à nutróloga Gabriela Velucci; à psicóloga Renata Soares de Carvalho; ao arquiteto Caio Schleich; à professora Luiza Maria de A. Garcia; à educadora física Karen Jircik; à empresária e especialista no setor de limpeza Vivian Melos; aos técnicos de enfermagem Jailson Souza da Fonseca e Michela Costa Ferreira; aos especialistas em pets Edison Lopes e Cilene Bolzachini; ao técnico de TI Rodrigo Marques.

Aos profissionais "anônimos" que contribuíram ricamente com sua experiência de vida para a construção do nosso conteúdo.

Aos familiares e sempre suporte Rafa, Vilson (*in memoriam*), Luiza Maria, Faby e Cláudio, com meu amor.

E à dedicada equipe da editora, Vanessa querida, Luís, Dolores, Ricardo, Maitê, Tuca e todos os demais envolvidos que fazem com que o projeto chegue às mãos do leitor com o maior nível de perfeição e carinho possível.

Prefácio

Desde que intensificamos nosso trabalho em home office, decidimos pesquisar profundamente o comportamento das pessoas à nossa volta, compartilhando e dividindo experiências. Nesse contexto, analisamos os pontos positivos e negativos do nosso dia a dia trabalhando em casa e descobrimos que o trabalho em si é apenas uma fatia de tudo o que envolve esse ambiente, como espaço, didática da família, relação com os filhos, alimentação, organização da casa, etc.

Ao mesmo tempo, mais uma vez validamos quão importante é o processo de implementação de rotinas e práticas simples de organização para a produtividade do dia a dia. No passado, essa foi simplesmente a razão de toda a minha mudança de hábitos, para que de fato eu alcançasse a sonhada qualidade de vida. Por meio desses métodos eu parei de procurar culpados pela minha insatisfação no trabalho, pela minha saúde e imagem pessoal, pela minha perda de tempo diária com programas e ações que estavam completamente desalinhados com os meus objetivos, e consegui perder 26 quilos e sair totalmente da minha zona de conforto.

Essa prática me deu um norte: a partir dela tive forças para planejar, levantar e ir ao encontro dos meus objetivos. Percebi que a gestão e o planejamento das atividades diárias fazem absoluta diferença, e passei a estabelecer meus projetos. Comecei novos negócios, pude investir em conhecimento, capacitação, cuidado com a saúde, e os resultados foram se concretizando: tornei-me empreendedora, tirei vários projetos do papel, perdi considerável peso, obtive várias certificações e atualmente sou CEO de mim mesma. Eu não poderia deixar de compartilhar tantas conquistas alcançadas com o uso de um método tão simples e eficiente. Você pode trabalhar como gosta, sim, sem precisar enfrentar o congestionamento diário e ainda assim ser bem-sucedido e produtivo.

Como por muitos anos trabalhei em empresas de tecnologia na área comercial, o home office já fazia parte da minha vida desde 2009. Tínhamos que nos manter conectados entre um cliente e outro, e geralmente no sistema em home office, até cumprir a próxima agenda de reunião: era o mais produtivo com a infraestrutura limitada de São Paulo. No entanto, trabalhar de casa nunca foi tão intenso como no período da pandemia, quando passamos a fazer consultoria de organização on-line — o que antes parecia impensável. As visitas e os contatos presenciais foram completamente extintos naquele momento crítico.

Saímos adequando espaço, cadeira, ergonomia e nos descobrindo no caminho. Planejamento, agenda e utilização de todos os recursos tecnológicos para permanecer organizados e manter a agenda diária. Foi quando descobrimos que, ao parar ao meio-dia, não havia comida pronta — então tivemos que pensar nisso! A hora da reunião coincidia com o horário da escola on-line do filho da cliente, então foi preciso pensar em uma alternativa para isso também... Ufa!

Foram muitas tarefas e aprendizados. Fomos muito produtivos nesse período, mas sentimos falta do alinhamento presencial, principalmente aquele contato direto com o cliente para aprofundar as soluções para suas necessidades.

Organização, planejamento e disciplina foram fatores determinantes para o alcance de resultados expressivos. Continuamos nos capacitando, estudamos temas relevantes, fizemos *lives* de assuntos extremamente interessantes e, mesmo on-line, conquistamos novos clientes, adaptamos a divulgação de serviços on-line, adaptamos atendimentos por videochamada e viemos amadurecendo em relação às melhores práticas de home office. As vantagens que o home office nos proporciona são realmente um caminho sem volta.

Este livro foi criado com muito carinho e dedicação, e estou certa de que o leitor aproveitará seu conteúdo.

PAULA HERMÓGENES
Coach, MBA em marketing digital, pós-graduada em planejamento estratégico e em teoria cognitivo-comportamental, graduada em administração e em gestão comercial, organizadora e decoradora profissional, é parceira de negócios de Luciana Garcia.

[...] SABEMOS QUE UM VÍRUS PODE GIRAR O MUNDO EM POUCOS DIAS E INFECTAR-NOS DE UMA HORA PARA OUTRA.

COM O TELETRABALHO É POSSÍVEL DESEMPENHAR AS PRÓPRIAS ATIVIDADES SEM SAIR DE CASA, ECONOMIZANDO O TEMPO QUE ERA GASTO PARA OS DESLOCAMENTOS COTIDIANOS ENTRE O LAR E O ESCRITÓRIO.

DOMENICO DE MASI
O OÓCIO CRIATIVO

Apresentação

Muitos imaginam que o sistema em home office tenha tido início na pandemia, em março ou abril de 2020, mas a verdade é que esse método de trabalho já era aplicado havia um bom tempo, em empresas como Ericsson e Tim. Para se ter uma ideia, as duas frases que abrem esta apresentação foram retiradas do livro *O ócio criativo*, publicado pelo sociólogo italiano Domenico de Masi no ano 2000!

Desde os anos 1980, ou seja, muito antes de termos acesso à internet, o sociólogo já realizava pesquisas e incentivava a mudança nas empresas, mesmo por meio de telefone e outras tecnologias mais simples. Foram poucos, porém, os que ousaram experimentar os benefícios defendidos por esse e outros pensadores.

Com o advento da pandemia, no entanto, sua expansão acabou obrigatoriamente acelerada, mas em caráter de emergência, impedindo a implementação de mudanças graduais e planejadas, ideais para que todos se acostumassem e se adaptassem a elas da melhor forma e obtendo o melhor resultado. A boa notícia é que ainda está em tempo, e, mesmo com "o bonde andando", muitas melhorias podem ser feitas para auxiliar o dia a dia de trabalhadores e empresas.

Eu me sinto muito à vontade para falar sobre o tema porque desde 2004 passei por várias experiências nesse sistema, precisando fazer diversas adaptações e reflexões sobre como melhorar o meu dia a dia. Por volta de 2007, voltando a trabalhar no antigo modelo e me deslocando todos os dias de carro, de casa para o trabalho, em meio ao trânsito engarrafado de São Paulo, cheguei a uma conclusão: o trabalho no futuro em grandes centros urbanos só seria possível diante de uma entre três possibilidades:

1. MORAR PRÓXIMO AO TRABALHO;

2. TRABALHAR EM HORÁRIOS ALTERNATIVOS AO DO RUSH;

3. TRABALHAR DE CASA.

A primeira, no meu caso, não seria viável, porque eu tinha um espaço estabelecido e confortável e teria de abrir mão de muitas coisas, o que naquele momento não era interessante do ponto de vista econômico e afetivo.

A segunda, ao conquistar a posição de cargo de confiança, cheguei a implementar por um tempo, mas não sem notar que diversos funcionários da empresa não viam com bons olhos, por exemplo, um funcionário chegar e sair mais tarde, quando os demais não o faziam — infelizmente, a flexibilidade não era aplicada a todos, e mesmo aqueles que tinham acesso a esse benefício costumavam seguir a agenda normal.

Já a terceira alternativa mostrou-se perfeita, especialmente porque, particularmente, gosto de gerir meu tempo e meus projetos, de modo a priorizar os momentos em que minha mente está mais "limpa" e "serena", obtendo, assim, o melhor resultado em termos de produtividade no trabalho. Isso muitas vezes significava acordar às 11h, cuidar da rotina de casa (e da vida em geral) e começar a trabalhar por volta das 16h, seguindo até tarde da madrugada, porque, ao tirar as demais obrigações da frente, eu me sentia em paz para me concentrar totalmente no trabalho, além de evitar interrupções e outras demandas.

É claro que esse modelo está longe de ser o ideal para a maioria, afinal, não só muitos trabalham melhor pela manhã, como isso depende em grande parte do tipo de tarefa a ser realizada. Meu trabalho (edição de livros), por exemplo, era de certa forma independente, pois, embora eu lidasse com prazos apertados, o *deadline* não costumava ser diário, e sim semanal ou mensal. Assim, durante esse período, eu tinha liberdade para organizar meus dias de acordo com minhas preferências. Simplesmente respeitava meu relógio biológico e minhas ansiedades. Quando se tem uma ou mais equipes que dependem diariamente de suas entregas, a situação é mais delicada, e a liberdade com o horário diminui.

Na verdade, não há uma fórmula mágica. Uma colega minha, que realizava o mesmo tipo de função, fazia o inverso: acordava às 6h, trabalhava, parava para almoçar, e terminava o expediente por volta das 16h ou 17h, tendo a noite inteiramente livre — e era mais feliz assim.

Seja como for, o horário de trabalho, fixo ou não, é apenas um dos pontos. É fundamental nos conhecermos, sabermos em que momentos do dia rendemos mais, o que tira nosso foco, do que sentimos falta, para aos poucos aperfeiçoarmos nosso próprio modelo de autogestão. A partir desse conhecimento, eu passei a aplicar algumas das estratégias mencionadas em minhas novas atividades profissionais: a consultoria de moda, de organização e de decoração, e os resultados foram extremamente satisfatórios.

Se considerarmos os textos dos grandes pensadores do século XXI, a grande tendência, em boa parte das profissões, é a redução da jornada de trabalho e a entrega por resultados. O filósofo francês Gilles Lipovetsky afirma que já vivenciamos este último conceito:

> A concepção mecanicista ou impessoal do produtivismo à moda antiga é substituída pelos hinos à autonomia e à iniciativa, à flexibilidade e à criatividade. Cada um é instado a avaliar e aperfeiçoar suas competências, mas também a implicar-se pessoalmente, empenhar-se em um progresso contínuo, ser participativo, envolver-se. (2007, p. 263)

Independentemente das abordagens críticas que o autor faz em seu livro, o fato é que, quanto mais nos prepararmos agora, em termos de disciplina, responsabilidade, planejamento, etc., melhor lidaremos com as mudanças do futuro próximo.

Em resumo, é perfeitamente possível adaptar e organizar nosso trabalho em home office ou remoto de modo a obter o melhor aproveitamento para o que desejamos como qualidade de vida e — portanto — uma melhor produtividade também no trabalho. É exatamente com isso que esperamos poder contribuir neste livro. Ninguém nunca tirou minha crença na ideia de que funcionário feliz trabalha melhor — e, felizmente, agora temos pesquisas para validar essa percepção.

Introdução

O PROCESSO DO SISTEMA EM HOME OFFICE

O trabalho a distância parece até estar fluindo normalmente, mas a verdade é que a grande maioria dos trabalhadores foi imersa no sistema em home office de repente e já produzindo automaticamente, em continuidade com o que vinha fazendo em modo presencial. Por essa razão, este livro é, antes de tudo, um convite para iniciar um processo de conscientização, reflexão e aperfeiçoamento.

A maior parte das empresas foi inserida nesse contexto sem a possibilidade real de um preparo prévio, que incluísse treinamento, orientações e planejamento adequados, por conta da necessidade e da urgência (ou mesmo emergência). E não havia como ser diferente. Mas este é o momento ideal para revisar esse processo.

Mesmo dentro de uma mesma empresa, não há uma fórmula mágica que se aplique indistintamente a todos os funcionários. Cada função, personalidade, estilo de vida e condições diversas permitirão determinados ajustes. Por esse motivo, reunimos algumas orientações básicas que podem ser implementadas ou adaptadas a cada um ou gerar *insights* para outras possibilidades.

Se bem analisarmos, até dentro de um grupo de colaboradores pares, ou seja, que desempenham o mesmo tipo de função, as adaptações poderão ser diferentes, pela rotina de cada casa, etc.

A grande dificuldade, o maior desafio para o home office é justamente essa adaptação. E, na maioria das vezes, vai sendo construída gradativamente. Mas nosso objetivo aqui é fornecer um suporte para acelerar essas melhorias.

Dificilmente será possível aplicar todas as estratégias de mudança de uma única vez — embora não seja impossível, dependendo do contexto: se estiver de férias, por exemplo, será o momento perfeito —, mas, a cada melhoria, resultados mais concretos virão, para sua vida pessoal ou profissional. Assim, de modo geral, procure ir colocando-as em prática aos poucos, e mantenha novos objetivos em vista. O importante é separar um tempinho para analisar sua situação atual e se programar para se dedicar com atenção ao que for implementar.

Mesmo que algumas coisas pareçam óbvias à primeira vista (e muitas vezes realmente são, mas nem sempre nos atentamos a elas), não se limite por isso: novas ideias surgem quando paramos um pouco nossa rotina acelerada (quando acordamos, antes de dormir, ao tomar banho), e reservar esse momento para você agora pode trazer soluções incríveis para um cotidiano mais agradável.

E uma coisa é certa: funcionará melhor o que lhe trouxer maior satisfação e bem-estar. Só assim você trabalhará com prazer e, portanto, com produtividade. Se temos retorno, produzimos com vontade. E, para ter retorno, precisamos nos dedicar com paixão. Uma coisa leva à outra.

Finalmente, aqui vai um segredo: depois de ler este livro, você terá total liberdade para aplicar o que melhor lhe convier. Se o mundo lhe disser que não é bom trabalhar de determinado modo (à noite, ouvindo música, com os filhos sob seu olhar, etc.), mas funcionar para você e estiver de acordo com as diretrizes da empresa para a qual trabalha, dê um jeito de fazer dar certo. E, se não puder, compense de outra forma. Nós temos o papel de informar e inspirar; você pondera e faz acontecer!

AS 10 MAIORES VANTAGENS DO HOME OFFICE PARA O TRABALHADOR

1. FUGIR DE CONGESTIONAMENTOS
2. PROXIMIDADE COM FAMILIARES
3. MAIS TEMPO PARA DORMIR
4. FLEXIBILIDADE DE HORÁRIO
5. ECONOMIA FINANCEIRA
6. MAIOR CONFORTO
7. MAIOR AUTONOMIA
8. MAIS LIBERDADE
9. MAIOR PRIVACIDADE
10. CUIDAR MELHOR DA SAÚDE

AS 10 MAIORES VANTAGENS DO HOME OFFICE PARA O EMPREGADOR

1. REDUÇÃO DE CUSTOS OPERACIONAIS
2. REDUÇÃO DE CUSTOS RELACIONADOS A ESPAÇO FÍSICO
3. MAIOR PRODUTIVIDADE DOS FUNCIONÁRIOS
4. MAIOR RETENÇÃO DE TALENTOS
5. REDUÇÃO DE LICENÇAS MÉDICAS E PROBLEMAS DE SAÚDE
6. AMPLIAÇÃO DOS LIMITES FÍSICOS DE ATUAÇÃO DA EMPRESA
7. DINAMICIDADE DAS OPERAÇÕES POR FOCO EM RESULTADOS
8. MELHOR SELEÇÃO DE PESSOAL POR QUEBRA DE BARREIRA TERRITORIAL
9. MAIOR VELOCIDADE NA ATUALIZAÇÃO TECNOLÓGICA
10. MAIOR FLEXIBILIDADE NAS CONTRATAÇÕES

PARTE 1

O PROFISSIONAL DO SÉCULO XXI ESTÁ SAINDO DE UM AMBIENTE DE GRANDES REALIZAÇÕES PROFISSIONAIS E VALORIZANDO AS CONQUISTAS PESSOAIS. PARA MUITOS, A CRESCENTE INFORMALIDADE NAS EMPRESAS DIMINUI A FRONTEIRA ENTRE O INDIVÍDUO E O PROFISSIONAL. A TENDÊNCIA É CADA UM SE VESTIR PARA REFLETIR O QUE É, FALAR NUMA LINGUAGEM DIRETA, SEM TANTA HIERARQUIA. UMA PERSONALIDADE CAPAZ DE FAZER CONVIVER DENTRO DELA, EM HARMONIA, O PROFISSIONAL E O INDIVIDUAL; NO FUNDO, O NOSSO VÍNCULO MAIS IMPORTANTE.

HELOISA MARRA E JULIO REGO

ESTILO NO TRABALHO

Você

≽ APARÊNCIA GERAL ≼

É fato que nem todo profissional que trabalha em sistema home office precisa se expor diante de uma câmera. No entanto, ficar em casa costuma desestimular o autocuidado e até mesmo dissolver aos poucos os saudáveis limites entre trabalho e descanso, além de nunca prevermos quando uma situação poderá mudar: do nada pode surgir uma reunião, uma promoção, uma mudança de emprego. Por isso pensamos que, mesmo que o leitor tenha seu rostinho oculto atrás de um teclado ao enviar seus relatórios, as orientações contidas nesta parte talvez sejam úteis em algum momento de sua vida profissional.

Gostaríamos de compartilhar a experiência de uma cliente da consultoria de moda (e amiga) que ilustra bem a questão do papel psicológico da roupa em nosso cotidiano. Para compreender melhor a situação, vale dizer que, para o padrão geral brasileiro, essa cliente é um tanto exótica: é relativamente alta, tem longos cabelos loiros, a pele bem alva e grandes olhos azuis. Quando passamos férias em Salvador, por exemplo, as pessoas vinham conversar com ela em inglês e ela se irritava, dizendo que era brasileira. Sua personalidade é forte, animada e envolvente, mas, curiosamente, ela mantém um guarda-roupa discreto, que parece contrastar com seu jeito de ser. Na consultoria a questionamos sobre isso, e ela respondeu: "Quando eu chego a algum lugar, todo mundo fica olhando para mim, então eu tento passar o mais despercebida possível. No trabalho, então, nem se fala". Isso demonstra, de certa forma, como nossa roupa e nosso visual em geral impactam nossas emoções, nossa vida e as pessoas que nos cercam, queiramos ou não.

E o que engloba nossa imagem? Segundo o Image Consulting Business Institute (Instituto de Negócios de Consultoria de Imagem), a imagem é o que os outros veem primeiro em nós. Também é o que fica quando um encontro pessoal, profissional ou social termina. Uma imagem pode abrir portas ao inspirar simpatia e confiança nos outros. E nos proporcionar a oportunidade única de provar nosso verdadeiro valor e competências. (2023, tradução minha)

Se simplesmente desconsiderarmos a importância da nossa imagem, principalmente no ambiente profissional, desperdiçaremos uma estratégia essencial de credibilidade (demonstrar sucesso), comunicação (expressar o que a marca/empresa projeta) e segurança (ter consciência plena de si e, consequentemente, do que faz). Se me apresento diante de um cliente com uma aparência que deixa a desejar em algum quesito, por exemplo, ele pode pensar: "Se ela não consegue se organizar quanto à sua apresentação pessoal, como se organizará em relação ao produto/serviço que oferece?".

Quando se trata do primeiro contato, então, nossa aparência tem importância ainda maior. Não são poucos os estudos sobre o tema. Uma das pesquisas mais antigas foi a realizada pelo conceituado professor Albert Mehrabian em 1967. Infelizmente, a divulgação das informações foi efetuada de forma errônea, fora do contexto da metodologia, e se propagou em diversos veículos de informação que 55% do impacto na primeira impressão se deve à aparência, o que não é verdade.[1]

---

nota

[1] É comum ouvirmos que 55% da nossa linguagem corporal impacta a percepção das pessoas, enquanto o tom de voz representa 38% e as palavras, apenas 7%. Mas, se pararmos para pensar com calma nesses números, fica evidente que a informação não é crível, pois faz parecer que o que dizemos simplesmente não importa ou que 93% do que transmitimos não tem relação com o conteúdo, e sim com a forma. Depois de ver esses números se repetindo em cursos e livros, pesquisamos mais a fundo, e nos deparamos com diversas críticas revelando que os dados foram replicados fora de contexto: a ideia original pressupunha que os três aspectos (linguagem corporal, tom de voz e palavras) precisavam se inter-relacionar e se influenciar simultaneamente para gerar coerência na mensagem transmitida – do contrário, prevalecia a mensagem não verbal. Além disso, o autor restringiu o estudo à comunicação de sentimentos ou atitudes, e não foram consideradas na divulgação em geral as várias limitações científicas (como o fato de ter sido realizado com uma amostra não representativa da população, por exemplo, ou de o fator não verbal se basear apenas em fotografias). Portanto, esses dados não devem ser utilizados ou replicados irresponsavelmente. A quem interessar, sugerimos o artigo de Tomás Baêna, cofundador e diretor do InBodyLanguage, um instituto internacional de linguagem corporal em Portugal.
BAÊNA, Tomás. A verdade sobre a fórmula 7-38-55. **InBodyLanguage**, out. 2019. Disponível em: https://inbodylanguage.com/a-verdade-sobre-a-formula/. Acesso em: 14 nov. 2022.

De lá para cá, de qualquer maneira, estudos mais recentes têm reforçado a ideia de que a aparência possui, de fato, grande peso na nossa avaliação inicial do outro, e, apesar de os números variarem um pouco, é praticamente unânime que levamos por volta de, no máximo, 30 segundos para formular esse pré-julgamento, e que reverter uma má impressão exige muito esforço — além de novas oportunidades que talvez nunca cheguem.

Assim, a melhor forma de causar uma primeira boa impressão, seja qual for nossa área de atuação, é controlando, em primeiro lugar, a mensagem que desejamos transmitir a partir da nossa aparência, ou seja, gerindo nossa própria imagem.

O fato é que, na prática, todos nós temos um norte, uma noção do que é adequado ou não no ambiente de trabalho, e a vestimenta faz parte disso. No entanto, diante de situações novas, ou conforme os dias passam, muitas vezes não nos atentamos a alguns detalhes, ou nos acomodamos com o que nos convém, especialmente enquanto ninguém comenta nada. É um engano, porém, imaginar que não somos avaliados pela nossa aparência — o tempo todo e por todos. E mais: isso não se restringe apenas às mulheres.

Às vezes, a empresa tem um *dress code*, ou código de vestimenta, para nortear a imagem desejada a todos os funcionários que a representam. Em outros casos são necessários uniformes, e em outros ainda há uma liberdade que pode parecer ilimitada. Mas a verdade é que nas três situações é preciso ter cuidados.

Mesmo quando a empresa implementa um *dress code*, um manual de orientações sobre esse aspecto, é comum os funcionários fazerem sua própria interpretação do que é aceito ou não e "arriscarem" algo aqui e ali: um pequeno decote, um tênis sujo, uma barba por fazer. A verdade é que, mesmo que ninguém comente, o funcionário está sempre servindo de exemplo para seus colaboradores, sendo comparado por seus pares e, talvez o mais importante, avaliado pelos superiores — quando não por seus clientes ou demais contatos.

Quando o setor necessita do uso de uniforme, normalmente, aumenta em cada funcionário o desejo de expressar sua individualidade, mas nem sempre ele compreende que a decisão pelo uniforme em geral tem um sentido importante, e que muitas vezes essa homogeneização tem por fim sua própria segurança. No meio da saúde, existe a questão sanitária, para evitar a transmissão de germes (o que se tornou mais fácil compreender após o surgimento da pandemia); quem trabalha no atendimento ao público precisa ser identificado rapidamente, mas adornos pessoais, como correntes ou brincos de argola, não são recomendados, para evitar que alguém estressado ou descontrolado puxe um dos acessórios, machucando o atendente; e assim por diante. Por esse motivo, o ideal é que cada um siga com sua individualidade, porém o mais sutilmente possível, afinal, os problemas decorrentes de uma pequena insubmissão podem ser maiores do que limitar a simples necessidade de se expressar.

Já no caso de uma empresa de estilo liberal, que permite ao funcionário vestir-se para o trabalho como bem entender, podem ocorrer situações inesperadas, como uma reunião de última hora, a visita de um cliente importante, uma promoção repentina, em que a análise da imagem pode, sim, contar no comparativo geral entre dois colaboradores que possuam qualidades similares. Não é porque a empresa é liberal que se deva trabalhar de chinelos, expondo pés que vêm diretamente da rua, ou de camiseta regata naquele dia de calor, o que envolve não apenas o sentido visual, mas a impressão da higiene e do olfato.

Ora, você pode estar pensando, mas todos esses exemplos referem-se ao trabalho presencial, no qual os trabalhadores precisam interagir com outras pessoas pessoalmente; não deveriam ter implicação alguma para quem trabalha em sistema home office. Mas a verdade é que têm. O objetivo é mostrar que sim, é importante ter consciência de seu visual no home office, e existe um porquê para isso.

Se no mundo presencial nossa aparência pessoal conta, no mundo virtual ela pode influenciar até mais: as pessoas pesquisam sobre nós na internet, nós representamos produtos ou serviços, e não podemos perder a oportunidade — talvez única — de causar um bom impacto inicial, para poder mantê-lo depois.

A questão é que, quando se trata de *dress code* on-line, tudo depende: da empresa, da situação, da atividade. Mas algumas coisas são essenciais. O que deve reger nossas escolhas, acima de tudo, é o bom senso e a coerência: bom senso para decidir o que convém a nós e a nosso emprego, e coerência para representar a empresa a que somos vinculados em nossa área de atuação.

Se sou um publicitário ou artista, por exemplo, preciso que meu visual demonstre que tenho criatividade; se represento o setor financeiro, é fundamental transmitir credibilidade; se trabalho com crianças, é importante mostrar acessibilidade; e assim por diante. No entanto, se sou CEO ou diretor de uma empresa, e quero me aproximar dos funcionários a partir de uma gestão colaborativa, em vez de terno e gravata, é mais interessante optar por uma camisa alinhada ou, no caso feminino, um vestido ou camisa alegre em vez de terno em tons fechados, quando estiver em contato com eles. Já em uma reunião com acionistas para tratar de temas delicados, a formalidade pode aumentar — especialmente se isso lhe trouxer segurança (ninguém precisa saber disso, mas a roupa também interfere no modo como nos portamos, e não é nada incomum que seja utilizada como recurso para a autoconfiança). Tudo é questão de adaptação à situação do momento.

De modo geral, a orientação mais essencial para a vestimenta no home office é: vista-se como se estivesse no trabalho, seguindo as premissas citadas. Nunca utilize pijamas, roupas desleixadas, camisetas "engraçadinhas" ou de time esportivo, cabelos despenteados, chinelos ou "apenas a parte de cima": é importante estar preparado caso precise se levantar diante da câmera, por qualquer que seja o motivo. Utilizar um traje alinhado com chinelos nos pés, caso estes apareçam em algum momento, pegará tão mal quanto estar inteiramente de pijama. Não caia na armadilha de achar que "ninguém vai ver" — nunca se sabe.

CASO REAL

A DIRETORA DE UMA EMPRESA DE GRANDE PORTE RELATOU-NOS UM CASO REAL QUE PRESENCIOU:

"UM DIRETOR VIAJOU A TRABALHO E ESTAVA HOSPEDADO EM ALGUMA CIDADE DO NORDESTE. COMO FAZIA MUITO CALOR, ELE ESTAVA DE CAMISETA QUANDO FIZEMOS UMA VIDEOCONFERÊNCIA. EM DETERMINADO MOMENTO, ELE AVISOU QUE IA PEGAR UM COPO DE ÁGUA E JÁ VOLTAVA, ENTÃO DECIDIMOS FAZER UM BREAK. ELE SÓ TIROU O FONE DE OUVIDO E SE LEVANTOU: FOI QUANDO NOTAMOS QUE, ALÉM DA CAMISETA, ELE VESTIA APENAS UMA SUNGA! QUANDO SE DEU CONTA, ELE FICOU EXTREMAMENTE CONSTRANGIDO. É CLARO QUE TODO MUNDO CAIU NA RISADA, MAS LEVOU NA ESPORTIVA".

Além de emitir uma mensagem a nosso respeito, a vestimenta pode interferir em nosso humor e energia. Se, ao nos levantarmos, vestimos uma roupa alinhada, temos a sensação de estar prontos para o trabalho. E, no contato visual on-line, é muito importante, principalmente em reuniões entre colegas, que todos sejam discretos e se apresentem com "cara de trabalho", pois isso motiva todo mundo. Se, ao contrário, ficamos "largados", de bermuda, chinelo e camisetão, podemos demorar mais para "entrar no clima" profissional, pode faltar energia, favorecendo a sensação de preguiça e atrapalhando a produtividade. Depende de todos incentivar uma boa dinâmica.

Em casa mesmo, quando estamos com uma roupa mais *relax*, é natural entrarmos num ritmo tranquilo, enquanto se nos vestimos de modo mais apresentável nos sentimos mais preparados para encarar todo tipo de situação. Portanto, o ideal é que a famosa roupa de ficar em casa (se houver, no seu caso) seja exclusividade de seu horário de lazer, ou seja, quando não estiver a trabalho. Ainda assim, na consultoria de moda, sempre se recomenda que se utilizem em casa roupas com as quais seja possível ir até uma padaria ou sair caso ocorra uma emergência, livrando-se do que não pode ter ao menos essa utilidade.

Outro ponto importante: tenha ciência de que, se pretende que seu interlocutor preste atenção no que você tem a dizer, deve evitar peças chamativas. Em telejornalismo, os apresentadores são orientados a não utilizar roupas e acessórios que chamem a atenção, pois isso desvia a concentração do telespectador da notícia. Esse é um estudo interessante para nós, porque, da mesma forma, se usarmos peças com detalhes muito diferentes, estampas e cores vibrantes ou contrastantes, em vez de isso contribuir para criar uma imagem positiva, pode nos prejudicar, atrapalhando o foco no assunto discutido.

No ambiente on-line, tudo deve ser muito mais prático e ágil, porque manter a concentração diante de uma tela por muito tempo é mais difícil. Visuais exóticos podem inclusive gerar conversas paralelas, do tipo: "Adorei sua blusa! Onde comprou?", resultando em uma dinâmica contraproducente. Na dúvida, diante de dias mais intensos, procure simplificar o visual. No caso das mulheres, atenção também para joias — em especial para as que provocam barulho, como no caso de diversas pulseiras, pois isso poderá não apenas tirar a atenção das pessoas, mas pior: irritá-las.

Por outro lado, se estiver conversando com um cliente e, principalmente, caso se trate de um novo contato, diante do qual a primeira impressão terá grande relevância, é fundamental uma boa apresentação. Para causar uma impressão positiva, é interessante que sejam escolhidas, acima de tudo, peças com excelente corte, ajuste e caimento. Novamente, não é preciso chamar a atenção para a roupa em si, mas o conjunto do visual deve ser valorizado, porque, quando sabemos nos vestir bem e temos consciência de nossa autoimagem e do que pretendemos transmitir a partir dela, é comum as pessoas associarem isso a inteligência, controle, desenvoltura na comunicação, pressupondo um perfil de sucesso e segurança nos negócios, e até mesmo tendo acesso a peças ou informações especiais.

Assim, nessa situação, incorporar um detalhe charmoso, como uma joia com desenho bem-feito ou uma camisa microestampada pode ser positivo. Mas atenção: detalhe é algo pequeno, sutil, sem exagero. Se, ao contrário, passar um pouco dos limites, pode transmitir uma imagem egocêntrica, excessivamente vaidosa, dar a impressão de que quer "aparecer" ou até mesmo de ausência de bom senso (o característico "sem noção") — mesmo que o resultado possa ser considerado bonito —, o que já não é profissional. A roupa não deve falar mais alto que a pessoa. Na esfera do trabalho, precisamos substituir a prioridade na beleza pela prioridade na adaptação ao ambiente e às pessoas.

Se alguém prefere se vestir, por exemplo, com uma cor intensa, deve optar por uma roupa de corte elegante e clássico; se quiser utilizar vários acessórios, como relógio, cordão, anéis, deve escolher uma camisa neutra e discreta como contraponto. Em resumo, devemos ter muito cuidado e equilíbrio. Na dúvida, menos é sempre mais seguro no ambiente profissional.

As orientações que recomendamos não se aplicam, evidentemente, a quem trabalha no ramo da moda: nesse caso específico, tudo na aparência é relevante e precisa ser mostrado. Em áreas relacionadas a criação, design, entretenimento, entre outras, a liberdade e a ousadia para definir seu visual também se expandem consideravelmente: nesses casos, a criatividade e a imprevisibilidade costumam ser muito bem-vindas.

≥ FOCO NO ROSTO ≤

Com relação à maquiagem, no caso das mulheres, é preciso lembrar que nem todas gostam de utilizá-la, e isso deve ser respeitado. Esse fator depende muito de cada pessoa, da empresa, do momento de vida e até do horário — afinal, para muitas, especialmente as que têm filhos, as manhãs são muito corridas. Só não podemos deixar de lembrar que, às vezes, a maquiagem pode ser uma aliada, sobretudo após noites maldormidas ou em dias em que podemos parecer mais abatidas.

Com ou sem maquiagem, precisamos parecer (e, de preferência, estar!) bem-dispostos no trabalho; por isso, o que recomendamos para quem não quer fazer grandes esforços é algo básico: uma base, um rímel e um batom. Em último caso, só a base, para esconder imperfeições, ou só o batom, para dar um colorido, já resolve muito. É claro que o pó ajuda a tirar o brilho natural, e o corretivo "apaga" uma espinha indesejada ou disfarça manchas e olheiras, mas no geral a base sozinha já é capaz de fazer isso e dá um efeito geral melhor. Um blush sutil sempre dá uma corada, um ar saudável, que pode ser utilizado especialmente naqueles dias de gripe. Agora, se a ideia é dar um *up* no visual, outra dica que ajuda a dar um efeito rápido e sem grandes produções, para quem tem alguma prática, é passar um delineador ou um lápis na pálpebra superior — fininho se tiver olhos grandes, ou mais largo se os olhos forem pequenos ou puxados. O resultado é intenso. Mas, sejam quais forem as suas escolhas, as cores devem ser sutis — inclusive a do batom.

Para os homens, convém ressaltar que um corretivo ou uma base sempre podem cobrir uma espinha, imperfeição ou cicatriz, então, não hesitem em lançar mão de um produto se isso os fizer se sentir melhor. O importante é usar o tom exato da cor da pele do seu rosto. Se um vendedor disser para experimentar no antebraço, não faça isso: espalhe uma pequena amostra em uma pequena — a repetição é proposital — região do rosto (pode ser na testa ou na bochecha, por exemplo): não pode ficar nem mais claro nem mais escuro que seu tom de pele (ou isso deve ser imperceptível). Se tiver dificuldade, com certeza uma amiga ou familiar poderá ajudá-lo com prazer nessa tarefa.

Outro ponto importante é que, muitas vezes, no ambiente de trabalho, dependendo da sua área de atuação, a barba feita (ou bem-aparada) é normalmente observada e interpretada como autocuidado, disciplina, controle e atenção com a própria empresa e seus clientes. Caso a organização seja mais flexível nesse quesito, cuide apenas para não dar um ar excessivamente relaxado, pois sempre se corre o risco de aparentar descuido ou pouco caso. Como bem observou Gloria Kalil em seu livro *Chic homem*: "Eu sei que é uma amolação, mas a verdade é que sua aparência e sua moral melhoram muito com uma barba bem-feita. É uma atitude social" (2005, p. 62).

E a todos: mais importante que uma pele disfarçada é uma pele bem--cuidada, que muitas vezes dispensa qualquer outro recurso; por isso não abram mão da limpeza (lavar com água e sabonete adequado para seu tipo de pele) e hidratação (uso de creme hidratante também adaptado) diárias, de preferência com aplicação posterior de protetor solar, pois mesmo a luz interna de casa pode causar manchas e problemas em longo prazo.

De forma alguma queremos dizer, neste capítulo, que é necessário luxo, cuidado excessivo, anular-se, muito menos criar uma tensão a partir da escolha de seu visual, mas *adequação* à sua função no trabalho e à empresa que representa, para que sejam obtidos os melhores resultados neste momento. Afinal, quem sabe um dia todos nós possamos evoluir a ponto de enxergar apenas o conteúdo das pessoas, e nada material fizer mais sentido? Por enquanto, é melhor lidar com o que temos à disposição.

⇒ CORPO SAUDÁVEL ⇐

Se não dermos a devida atenção ao nosso corpo, logo sentiremos as consequências em nossa saúde. Ficar na mesma posição durante horas, ainda mais quando estamos sentados diante do computador, inevitavelmente traz alguns pequenos danos, mas a boa notícia é que eles podem ser evitados com pequenos cuidados. O estudo da ergonomia nos proporciona, entre outras informações, as medidas ideais para uma boa interação do corpo humano com os móveis. (Aliás, a ciência da ergonomia surgiu como consequência da Revolução Industrial, para trazer mais conforto, evitando que os trabalhadores adoecessem, e obter maior eficiência em seu trabalho.)

O mais importante de todos os conselhos é: não trabalhe na cama nem no sofá — mesmo que não vá aparecer diante da câmera. Mesas e cadeiras foram projetadas de acordo com suas funções para acomodar seu corpo da forma mais adequada possível. A própria cadeira da sala de jantar, por exemplo, tem a função de sustentar seu corpo com conforto apenas pelo tempo aproximado de uma refeição. Por esse motivo, ela não deve ser utilizada para atividades mais prolongadas. Assim, se puder, invista em uma boa cadeira de escritório, que acomode bem as regiões lombar e cervical e seja adequada ao seu peso.

Seus pés devem tocar o chão e os joelhos devem estar em 90 graus em relação ao assento da cadeira: as pernas não devem nem ficar pendentes na cadeira nem inclinadas para a frente por causa de baixa altura da cadeira, muito menos encostadas no tampo da mesa. O descanso de braço deve estar ajustado à altura do cotovelo. A altura ideal do assento da cadeira é de 40 cm a 45 cm, e a do tampo da mesa, de 70 cm a 75 cm — mas atenção: essas medidas se referem a uma pessoa de altura-padrão; caso você seja muito mais alto ou mais baixo que a média brasileira

(1,73 cm para homens e 1,61 cm para mulheres),[2] é melhor considerar fazer os móveis sob medida. Outro ponto importante ao medir o tampo da mesa é avaliar a altura do móvel como um todo e se será utilizado apoio para pés ou não. Não se esqueça também de reservar ao menos 50 cm de espaço atrás da sua cadeira, para que possa afastá-la confortavelmente na hora de se sentar.

> **nota**
> 2 Pesquisas recentes indicam tendência de crescimento nos mais jovens, de modo que futuramente as medidas padrão também tendem a ser revistas.

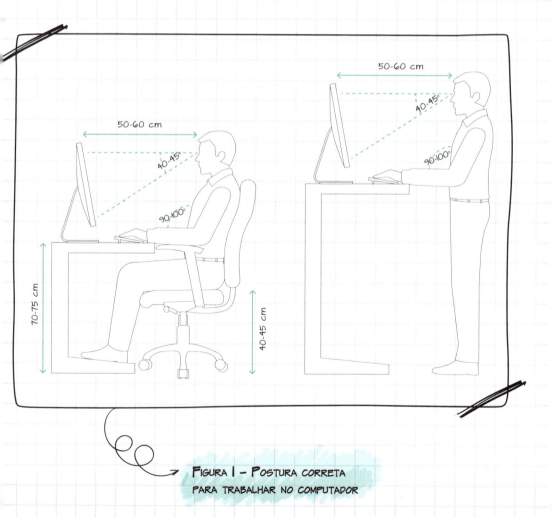

Figura I – Postura correta para trabalhar no computador

Cadeiras giratórias e com rodinhas permitem uma mobilidade maior. Se tiverem apoio para cabeça (um travesseirinho acoplado), melhor ainda, pois isso evita que o pescoço e a coluna fiquem curvados e tensos, forçando a cervical. Acima de tudo, na hora da compra, sente-se com a coluna reta: as costas devem ser tocadas pelo encosto da cadeira.

É interessante ter um pufe ou algo do tipo para apoiar as pernas para cima de tempos em tempos, caso sinta necessidade. (Essa é uma dica especialmente importante para as mulheres, por causa do fluxo menstrual, que pode impactar a circulação do sangue nas pernas.)

O apoio para os pés é muito importante para todos, principalmente para quem passa com frequência mais de duas horas na posição sentada.

Sua mobilidade dentro do espaço de trabalho deve ser boa: não deixe que nada bloqueie seus movimentos, tanto para circular como para apanhar itens. Obstáculos provocam perda de tempo e despertam impaciência e irritabilidade.

Caso utilize um notebook, por mais prático que pareça, saiba que o design do *touch* do teclado não possui a ergonomia ideal para acomodar seu punho. Providencie um mouse e um *mousepad* com apoio de pulso e se necessário posicione-os na diagonal em direção ao teclado, a fim de manter a mão reta, e evitando ao máximo movimentos laterais. A maioria de nós considera esse detalhe dispensável, mas é bem sério. (Normalmente partilhamos experiências ocorridas com colegas e profissionais a que temos acesso, mas a gravidade deste assunto chegou a um caso mais pessoal: ocorreu com a própria autora. A dor de uma tendinite causada por esses movimentos inadequados chegou ao extremo de impedir que os talheres fossem segurados para partir a comida, e, apesar de vários tratamentos, por fim só se resolveu com a adoção dessas medidas simples.)

A posição do topo da sua tela deve estar alinhada com o seu olhar ao se sentar com a coluna reta apoiada no encosto da cadeira. Se a altura da tela não for compatível, adquira um suporte ou improvise uma pilha de livros robustos sob ela. A distância entre a tela em *full* HD e seus olhos deve ser de 55 cm a 70 cm. Mas cabe observar que, dependendo do tipo de tela, isso pode mudar: no caso daquela em 4K, por exemplo, a qualidade dos pixels é tão boa que não prejudica a vista; é como olhar para uma folha de papel. Já para aquelas com resoluções ruins ou muito grandes, em uma proporção que não seja muito agradável para a vista de pixel por polegada, será melhor manter uma distância um pouco maior que a padrão. Em entrevista realizada em fevereiro de 2022, o arquiteto e professor Caio Schleich, do Hiperespaço Arquitetura, ressalta, porém, que o ponto de atenção mais crítico no posicionamento da tela em relação aos olhos é o ângulo de abertura:

> EXISTE UM ÂNGULO OTIMIZADO DE POSIÇÃO DA CABEÇA PARA A LEITURA, SEGUNDO O QUAL CONSEGUIMOS ENXERGAR QUANDO ESTAMOS SENTADOS. PARA LEITURA NA MESA, FICA EM TORNO DE 12 A 15 GRAUS DE ABERTURA. E, PARA LEITURA NA TELA, É DE MAIS OU MENOS 35 A 40 GRAUS. OU SEJA, SE A TELA ESTÁ MUITO ALTA OU MUITO BAIXA, INCOMODARÁ MAIS A PESSOA DO QUE SE ESTIVER MUITO LONGE OU MUITO PERTO.

No caso de longas leituras de texto, é interessante manter o tamanho da fonte confortável para os olhos, o que pode ser obtido por meio do aumento de zoom da tela, que não alterará as configurações do documento.

Por falar em tela, não se esqueça de utilizar filtro para brilho excessivo (filtro de luz azul ou luz noturna) quando estiver em ambiente pouco iluminado, especialmente à noite: a luz azul-violeta pode causar fadiga ocular, dor de cabeça, olhos ressecados e visão embaçada, além de atrapalhar o sono (ela reduz a produção de melatonina, hormônio responsável pela fase inicial do sono). Por isso mesmo, independentemente do uso de filtro, é recomendado não utilizar eletrônicos em geral pelo menos uma hora antes de dormir: quanto menos luz (de qualquer tipo) e menos estímulo cerebral, melhor a qualidade do sono.

Por fim, procure fazer uma pausa e se levantar de hora em hora. Existem aplicativos — como o Work Break, recomendado por ortopedistas — que acionam uma notificação sonora como alarme, além de incluir alguns exercícios de alongamento importantes a serem feitos nesses intervalos. (No início podem até irritar um pouco, mas depois nos acostumamos, e o corpo agradece muito!)

ATIVIDADE FÍSICA

Você já parou para pensar que, ao trabalhar em casa, deixa de caminhar até a garagem, o ponto de ônibus ou a estação de metrô, de se deslocar até o restaurante para almoçar, de visitar o colega para discutir um assunto de trabalho no outro andar do prédio, de retirar uma encomenda na recepção da empresa? Boa parte dos nossos movimentos fica restrita a uma área muito menor, com menos regularidade e até intensidade (temos menos escada para subir e descer, por exemplo), e, quando nos damos conta, só notamos o aumento de peso ou a dor nas costas. Será possível compensar isso tudo?

Todos sabemos a importância de realizar uma atividade física diária ou, até melhor, de incorporar algum esporte ou exercício regular. A verdade é que, na prática, é frequente pensarmos que conciliar todas as demandas da vida adulta — trabalho, lazer, relacionamentos, filhos, saúde, etc. — parece simplesmente impossível. Na realidade, é difícil mesmo, mas existem momentos em que nos damos conta de que não podemos adiar mais a necessidade de olhar para nosso corpo e priorizar nossa saúde. Por isso consultamos quem entende melhor do assunto para nos ajudar a entender como fazer mais esse compromisso caber na nossa agenda.

Segundo Karen Jircik, pesquisadora de ciências do esporte, atividade física e saúde, o mais importante é nos movimentarmos, sairmos da inércia. Por exemplo, podemos trocar o uso do elevador pela escada, evitar sair de carro se precisarmos nos deslocar a uma distância de até dois quilômetros, aproveitar os intervalos para caminhar um pouco mesmo sem sair para a rua, limpar a casa, levar o cachorro para passear e assim por diante. É o que caracteriza a atividade física: todo movimento voluntário, ou seja, intencional, que gera um gasto energético acima do repouso (já que mesmo em repouso geramos um gasto energético).

Atualmente, a Organização Mundial da Saúde recomenda no mínimo 150 minutos por semana de atividade física em intensidade moderada-vigorosa, o equivalente a trinta minutos por dia, que podem ser divididos em três sessões de dez minutos, para começar a conferir uma proteção contra a mortalidade.

Mas, afinal, por que isso é necessário? Jircik explica:

OS SERES VIVOS EVOLUEM DE ACORDO COM SUAS NECESSIDADES. UM ANIMAL QUE VIVE NO FRIO, POR EXEMPLO, DESENVOLVE UMA PELAGEM OU CAMADAS DE GORDURA PARA CONSEGUIR SUPORTAR A BAIXA TEMPERATURA. O SER HUMANO ERA QUADRÚPEDE E SE TORNOU BÍPEDE PORQUE PRECISAVA CAÇAR, CORRER DOS PREDADORES, BUSCAR ALIMENTO, OU SEJA, EVOLUIU NATURALMENTE EM FUNÇÃO DA NECESSIDADE DO MOVIMENTO. PORÉM HOUVE UM MOMENTO, NA HISTÓRIA DA HUMANIDADE, EM QUE A TECNOLOGIA COMEÇOU A TRAZER CONFORTOS PARA ESSE SER HUMANO, COMO O CARRO E A ESCADA ROLANTE, ELIMINANDO A NECESSIDADE DE ANDAR TANTO. AQUILO QUE NO SÉCULO XX ERA COTIDIANO FOI SUBSTITUÍDO E FEZ COM QUE O HOMEM SE MOVIMENTASSE MENOS. COMO O NOSSO CÉREBRO GOSTA DE TUDO O QUE TRAZ MENOS ESFORÇO PARA O CORPO, E O MOVIMENTO É UM DESCONFORTO PARA O CÉREBRO, ELE SE ACOMODA. COM A CHEGADA DA PANDEMIA E A DECORRENTE TRANSFORMAÇÃO DIGITAL QUE OCORREU NOS RELACIONAMENTOS, NA EDUCAÇÃO, NO COMÉRCIO, NO TRABALHO, ETC. ESSE PROCESSO FOI AINDA MAIS ACELERADO. ALÉM DAS SEQUELAS DA PRÓPRIA COVID-19, A PANDEMIA TROUXE SEQUELAS DA FALTA DE MOVIMENTO, DE PERMANECER SENTADO POR MAIS TEMPO NA FRENTE DO COMPUTADOR E DA TV. E, POR ESSE MOTIVO, NO PERÍODO PÓS--PANDEMIA ESSE PROBLEMA SE TORNOU AINDA MAIS ACENTUADO.

Podemos concluir, então, que a solução seria simplesmente manter os trinta minutos diários de atividade física? Para desagrado de muitos, a resposta é um decepcionante, mas relevante, não. Segundo o Colégio Americano de Medicina do Esporte, a quebra do comportamento sedentário precisa ocorrer em paralelo à atividade física. E o motivo para isso é muito sério, como esclarece a pesquisadora:

> Como o homem é um ser em movimento, não pode ficar muito tempo parado, ou passa não apenas a criar pontos de pressão nas articulações e nos discos intercostais, mas também a exercer pressão e a impedir o bom funcionamento de alguns sistemas e órgãos vitais, como o sistema circulatório, o fígado e o pâncreas. Se ficamos sentados por muito tempo, a gordura começa a ficar depositada nesses órgãos vitais. É a chamada gordura intra-abdominal ou gordura visceral, a mais perigosa para o ser humano, porque vai se entranhando e impedindo o bom funcionamento desses órgãos. Ela começa a gerar um acúmulo adiposo, a obesidade, que desencadeia uma série de outras doenças:

> PROBLEMAS CARDIOVASCULARES, HIPERTENSÃO, DIABETES TIPO 2, CÂNCER. TUDO ISSO TAMBÉM É DECORRENTE DO EXCESSO DE PESO. VÁRIOS ESTUDOS MOSTRAM QUE, MESMO CUMPRINDO AS RECOMENDAÇÕES DE ATIVIDADE FÍSICA, SE UMA PESSOA FICAR SENTADA DURANTE O DIA INTEIRO, A PARTIR DE QUATRO HORAS ELA JÁ COMEÇARÁ A TER PROBLEMAS, QUE INTERFEREM NO RISCO DE MORTE.

Assim, para quebrar esse padrão de comportamento nocivo, é preciso também que, a cada meia hora, por cinco minutos — ou a cada uma hora, por dez minutos —, nós nos levantemos e nos alonguemos, a fim de eliminar a pressão e estimular o bom funcionamento dos órgãos. Essas paradinhas estratégicas também ajudam na prevenção de lesões por esforços repetitivos (LER) e distúrbios osteomusculares relacionados ao trabalho (DORT), tão comuns para quem passa muito tempo na frente do computador.

Embora a atividade física e a quebra de comportamento sedentário se traduzam em mais responsabilidades a incorporar na rotina, temos que admitir que a associação das duas iniciativas não é tão complicada, e que, por outro lado, resulta em ganhos significativos para toda a vida.

Tendo tudo isso claro, passemos então a outra questão: independentemente do quadro alimentar (que também deve ser acompanhado, de preferência com profissional certificado, e que abordaremos mais adiante), a atividade física por si só ajudará na perda de peso? Para responder a essa pergunta, a especialista ressalta a diferença entre atividade física e exercícios:

> Quem possui excesso de peso precisa entrar em um programa de exercícios que vá gradativamente aumentando sua intensidade, pois somente assim conseguirá aumentar o gasto energético para começar a queimar as indesejadas gordurinhas. O exercício físico envolve algumas variáveis: volume, intensidade, modalidade e frequência, e por essa razão depende da supervisão de um profissional de educação física, principalmente se você tiver alguma doença associada. Por exemplo, quem tem hipertensão não pode fazer exercícios sem receber uma avaliação inicial, uma prescrição adequada, um profissional que acompanhe, porque, além de depender de orientações específicas para seu quadro, conforme aumentar a intensidade desses

EXERCÍCIOS, PRECISARÁ IR CONTROLANDO A DOENÇA. AS PESSOAS MUITAS VEZES NÃO IMAGINAM OS RISCOS ASSOCIADOS A ISSO. NÃO PODEM SIMPLESMENTE ACESSAR O YOUTUBE E SEGUIR UM PROFISSIONAL DE EDUCAÇÃO FÍSICA, PRINCIPALMENTE APÓS TEREM SOFRIDO AS CONSEQUÊNCIAS DA FALTA DE MOVIMENTO DO PERÍODO PÓS-PANDEMIA. O EXERCÍCIO FÍSICO É INCENTIVADO PORQUE TRAZ UMA SÉRIE DE BENEFÍCIOS, MAS SE BEM APLICADO; SE NÃO FOR BEM ORIENTADO, PODE GERAR MAIS PROBLEMAS, ENTÃO É PRECISO TOMAR CUIDADO — ESPECIALMENTE QUEM TRABALHA EM HOME OFFICE E TEM UM PERFIL MAIS SEDENTÁRIO.

Evidentemente, para quem nunca fez exercício algum, será mais desafiador, mas a recomendação é dar um passo por vez. Com o tempo, conforme dominamos nossa rotina, vamos aos poucos inserindo pequenas modificações que possibilitam melhoras substanciais tanto em nossa saúde como no relacionamento com a família e no trabalho.

Para oferecer uma injeção de ânimo e incentivar sua mudança de hábitos, elaboramos algumas dicas que talvez possam ajudar nesses primeiros passos:

- [ ] PARA COMEÇAR, ESCOLHA UMA ATIVIDADE QUE NÃO EXIJA GRANDES ESFORÇOS PARA SER MANTIDA NO LONGO PRAZO: COMECE A ANDAR NA RUA, A DANÇAR EM CASA OU ALGO DO GÊNERO (SE PRETENDER CORRER, LEMBRE-SE DE QUE PRECISARÁ DE SUPERVISÃO!).

- [ ] OPTE POR ALGO QUE LHE DÊ PRAZER: SE VOCÊ NÃO TEM PACIÊNCIA PARA GINÁSTICA OU MUSCULAÇÃO, CONSIDERE UMA ATIVIDADE ESPORTIVA OU QUE ENGLOBE CULTURA OU NATUREZA, POR EXEMPLO — QUE TAL JOGAR VÔLEI, APRENDER FLAMENCO OU FAZER TRILHAS NOS FINS DE SEMANA?

- [ ] PERGUNTE-SE SEU OBJETIVO: MANTER A SAÚDE EM DIA OU APROVEITAR PARA FICAR EM FORMA? SE EMAGRECER, GANHAR MÚSCULOS OU COMPETIR ESTÁ EM SEUS PLANOS, POR UM LADO ISSO EXIGIRÁ MAIOR DISCIPLINA E SUPERVISÃO, MAS, POR OUTRO, PODERÁ TRAZER RESULTADOS MAIS PALPÁVEIS E MAIORES TRANSFORMAÇÕES EM SUA VIDA.

- [ ] CASO SE MATRICULE EM UMA ACADEMIA, PROCURE UM LOCAL DE FÁCIL ACESSO: ÀS VEZES É MAIS CONFORTÁVEL OPTAR POR UM ESTABELECIMENTO CUJA DISTÂNCIA PARA CHEGAR SEJA UM POUCO MAIOR, PORÉM COM ESTACIONAMENTO SEMPRE LIVRE.

- [ ] AVALIE A POSSIBILIDADE DE TER A COMPANHIA DE ALGUÉM: PARCEIRO, AMIGO, FAMILIAR. EM GERAL, A MOTIVAÇÃO DE SE DESLOCAR E TER DISCIPLINA TORNA-SE MAIS CONSISTENTE QUANDO NÃO ESTAMOS SOZINHOS.

- [ ] SE VOCÊ É UMA PESSOA RESERVADA — E GOSTA DE PERMANECER ASSIM —, NÃO SE FORCE A REALIZAR ATIVIDADES EM GRUPOS; OPTE POR AQUILO QUE LHE TRAZ MAIOR BEM-ESTAR.

- [ ] SE, AO CONTRÁRIO, VOCÊ SENTIU SUA SOLIDÃO AUMENTAR APÓS A IMPLEMENTAÇÃO DO HOME OFFICE, APROVEITE SEU TEMPO FORA DO TRABALHO PARA DESCOBRIR NOVAS AMIZADES EM ATIVIDADES COLETIVAS.

Caso você deseje, mas identifique que ainda não dispõe das circunstâncias ideais para iniciar um esporte ou programa de exercícios, procure ir se atentando aos alongamentos e à alimentação, assim como ao lazer nas horas vagas. Com um pouco de paciência, você logo poderá se organizar para conquistar mais esse benefício.

Na próxima parte deste livro, falaremos sobre o espaço de trabalho e seu impacto em nossas emoções e nosso desempenho.

PARTE 2

Seu espaço

A IMPORTÂNCIA DO AMBIENTE DE TRABALHO

"PRECISEI ME ADAPTAR TEMPORARIAMENTE A UM LOCAL DE TRABALHO QUE NÃO ESTAVA PREPARADO PARA ISSO, E, AO REPARAR NOS DIVERSOS OBJETOS AO MEU REDOR, NOTEI GRANDE DIFICULDADE PARA CONSEGUIR MANTER O FOCO E TAMBÉM UM CANSAÇO MENTAL POSTERIOR MUITO GRANDE."

O depoimento anterior, fornecido em entrevista para nós por uma profissional liberal, ilustra bem a importância do ambiente de trabalho no sistema em home office. Diversos estudos sérios comprovam que o ambiente pode de fato impactar fortemente a concentração, a criatividade, o conforto e, portanto, o desempenho das pessoas em suas atividades, sejam de trabalho, estudo ou criação. A cor do ambiente, por exemplo, costuma despertar algumas sensações, positivas ou negativas, e um excesso de bagunça pode dificultar clareza de pensamento, aumentar o estresse, causar inquietação ou irritabilidade.

Devemos considerar ainda que, diante da câmera, é adequado, profissionalmente, exibir um fundo organizado e cuidado, e com pouco — ou mesmo nenhum — dinheiro é possível alcançar boas melhorias. Assim, se puder reservar um tempo para cuidar desse espaço, no qual passa boa parte de seu dia, você certamente terá grandes benefícios. O principal deles? Obter maior bem-estar ao trabalhar.

A decoração é tão importante quanto a organização, porque esse é um ambiente no qual você deve permanecer durante certa quantidade de horas, de modo que se sentir bem e confortável lhe permitirá relaxar e ter condições ideais para produzir com mais satisfação e resultado.

Ao mesmo tempo, não podemos ignorar que a grande maioria das pessoas precisou adaptar, em caráter de urgência, um espaço dentro da própria casa para poder exercer seu trabalho nessa fase de intensa transformação que a pandemia de covid-19 trouxe. Alguns trabalharam no próprio quarto, outros na sala de visitas, na sala de jantar... E o que era provisório parece ter se tornado definitivo. No médio e no longo prazo, porém, como talvez até você já tenha experienciado, dificilmente essas adaptações funcionam da maneira como deveriam, causando diversos transtornos: a mesa de jantar deixa de ser usada para reunir a família, as dores na coluna começam a se agravar, o sono fica mais agitado, entre muitas outras dificuldades.

O interessante, no entanto, é que tudo isso pode ser remediado neste momento. Caso você ainda não tenha um cômodo específico para trabalhar, pare um pouco e reflita sobre a importância de ao menos fazer uma boa divisão de áreas dentro de um mesmo espaço, ou seja, delimitar fisicamente a região onde deve se dedicar ao trabalho e deixar de ser interrompido.

Você pode obter essa segmentação utilizando como divisórias móveis, tapetes, cores, iluminação, etc. Não precisa ser nada muito rígido: apenas uma separação para o seu próprio espaço profissional. Essa divisão, aliás, é ótima para auxiliar didaticamente as crianças a entenderem os momentos em que não devem atrapalhar os pais, como se eles estivessem fora de casa, assim como para você se "desligar" das necessidades domésticas, que estão sempre competindo pelo foco, como veremos adiante.

Quanto à escolha do local propriamente, podem ser utilizados aqueles "cantinhos" quase despercebidos: perto do corredor, embaixo da escada, na sala de jantar (mas fora da mesa de jantar), e assim por diante. É realmente muito pessoal, mas esta é a hora de colocar a criatividade em ação, e o uso de ferramentas de busca na internet, como o Pinterest, podem ser extremamente úteis como ideias para adaptar espaços mínimos para as atividades do sistema em home office.

A arquiteta e decoradora Miriam Gurgel, em seu livro *Organizando espaços*, sugere:

> CASO O ESCRITÓRIO POSSA DIVIDIR ESPAÇO COM UM OUTRO AMBIENTE, ESCOLHA O QUE POSSA SE ADAPTAR MELHOR ÀS DUAS FUNÇÕES. GERALMENTE, O QUARTO DE HÓSPEDES ACABA SENDO UMA DAS MELHORES OPÇÕES QUANDO AS VISITAS NÃO SÃO TÃO FREQUENTES QUE IMPEÇAM A DUPLA CONVIVÊNCIA DE ATIVIDADES. (2017, P. 89)

Ela também lembra que, se for o caso de receber pessoas do trabalho esporadicamente no espaço, quanto mais próximo à porta de entrada e do lavabo o escritório for, menor será o acesso dela à intimidade da família, o que também é uma excelente observação.

Se, por outro lado, você estiver na fase em que já possui um cômodo exclusivo para seu trabalho, inserir nele um setor de relaxamento, com uma pequena poltrona ou *chaise longue* e uma mesinha de café, suco ou chá (com os respectivos utensílios e petiscos acomodados perto), pode ser um ótimo refúgio para momentos de decisões intensos, para pequenos intervalos que tragam inspiração a partir de alguma leitura agradável ou até para receber alguém.

O fato é que, permaneça ou não na mesma empresa por muito tempo, a probabilidade de o trabalhador utilizar o escritório em casa no longo prazo é uma tendência que, ao que tudo indica, veio para ficar — mesmo que mesclando com a agenda presencial.

A pesquisa *O futuro do trabalho no Brasil*, encomendada pelo Google e divulgada em maio de 2021, revela que 43% dos entrevistados relataram que o modelo escolhido por sua empresa para o período pós-pandemia foi o híbrido, e, naquelas que ainda não definiram, 59% dos funcionários sugerem esse modelo, contra 22% que preferem 100% presencial. De acordo com a análise da pesquisa,

> O FORMATO HÍBRIDO PASSOU A SER AMPLAMENTE DISCUTIDO E TEM GANHADO CADA VEZ MAIS FORÇA E ADESÃO DE PROFISSIONAIS E EMPRESAS NO BRASIL. ISSO ACONTECE PORQUE AS PESSOAS ENTENDEM QUE O TRABALHO 100% REMOTO TRAZ VANTAGENS, SOBRETUDO RELACIONADAS AO TEMPO, MAS DESVANTAGENS COM RELAÇÃO À AUSÊNCIA DE INTERAÇÕES PRESENCIAIS. (GOOGLE WORKSPACE, 2021)

Sob o olhar da psicóloga Renata Soares, essa percepção faz sentido:

EMBORA SEJA MUITO PESSOAL, PORQUE DEPENDE MUITO DO TIPO DE TRABALHO PARA AVALIAR QUAL SISTEMA SERIA MELHOR, EU PENSO QUE O SISTEMA HÍBRIDO UNE O ÚTIL AO AGRADÁVEL. TRABALHAR DE CASA TEM SUAS VANTAGENS, NÃO SÓ PARA A EMPRESA, QUE REDUZ SEUS CUSTOS DE ESTRUTURA, RECURSOS, MAS TAMBÉM PARA O FUNCIONÁRIO: É CÔMODO, REDUZ O DESGASTE DO TRÂNSITO, ECONOMIZA GASTOS. POR OUTRO LADO, SOB A PERSPECTIVA PSICOLÓGICA, É BOM VER PESSOAS, SENTIR NOVOS ARES, SAIR UM POUCO DAQUELE AMBIENTE QUE É ESCRITÓRIO, CASA, TUDO AO MESMO TEMPO. ISSO TEM UM EFEITO PSICOLÓGICO NAS PESSOAS, PORQUE A CASA, QUE É O NOSSO ACONCHEGO, MISTURA-SE COM O AMBIENTE DE TRABALHO. É COMO SE VOCÊ PERMANECESSE 24 HORAS NO SEU AMBIENTE DE TRABALHO, OU DORMISSE NO AMBIENTE DE TRABALHO. O SISTEMA HÍBRIDO EQUILIBROU ISSO TUDO. EMBORA AINDA NÃO HAJA ESTUDOS DIVULGADOS NA ÁREA DA SAÚDE, PELA

> MINHA EXPERIÊNCIA, NOTO QUE PARA OS PACIENTES TEM SIDO BOM. QUEM ESTÁ NO HÍBRIDO TEM GOSTADO. E VEJO COMO ALGO POSITIVO PORQUE TAMBÉM ME INCLUO NESSA OPÇÃO: EM ALGUNS DIAS DA SEMANA ATENDO PRESENCIALMENTE E EM OUTROS, ATENDO ON-LINE, DE CASA. EU NUNCA HAVIA IMAGINADO QUE UM DIA FOSSE TRABALHAR EM ATENDIMENTO ON-LINE. E É BOM TER AS DUAS VIVÊNCIAS.

Um resultado ainda mais expressivo surgiu no estudo *O futuro da vida no trabalho*, encomendado pela Sodexo e divulgado em 2022:

> PODER VIVER ESSE "MELHOR DOS DOIS MUNDOS" É O QUE ESPERAM 92% DOS TRABALHADORES DE EMPRESAS BRASILEIRAS. A PONTO DE, SE FOSSEM TROCAR DE EMPREGO, A MAIOR PARTE DOS COLABORADORES DIZER QUE LEVARIA EM CONSIDERAÇÃO, ALÉM DO SALÁRIO, DO CARGO E DO TEMPO DE TRAJETO ATÉ A EMPRESA, POLÍTICAS DE FLEXIBILIDADE NO TRABALHO, QUE ENVOLVEM POSSIBILIDADE DE HOME OFFICE. (SODEXO, 2022)

O LADO BOM DO SISTEMA A DISTÂNCIA

COM A IMPLEMENTAÇÃO DO HOME OFFICE E DO SISTEMA HÍBRIDO, MUITAS PESSOAS RESOLVERAM SAIR DA CIDADE GRANDE E MORAR NO INTERIOR, OU MESMO MUDAR DE UM ESTADO PARA OUTRO, BUSCANDO VIVER ONDE SE SENTEM MAIS FELIZES. FOI O CASO DESTA GERENTE DE MARKETING POR NÓS ENTREVISTADA QUE DEIXOU O ESCRITÓRIO EM SÃO PAULO PARA RETORNAR À CIDADE NATAL, SALVADOR, TRABALHANDO NA MESMA EMPRESA. "EU SENTIA FALTA DO SOL, DO CALOR, DA FAMÍLIA E DOS AMIGOS, ENTÃO APROVEITEI A OPORTUNIDADE E REAVALIEI O QUE ME TRAZIA MAIS QUALIDADE DE VIDA. HOJE TENHO UMA VIDA SAUDÁVEL E ME SINTO MAIS ALEGRE. FAÇO ESPORTES NO MAR E ISSO MUDOU MINHA VIDA: ACORDO ÀS CINCO HORAS DA MANHÃ FELIZ, COISA QUE NUNCA PENSEI QUE ACONTECERIA", RELATA ELA. "SEM A MUDANÇA PARA O TRABALHO A DISTÂNCIA, ESSA DECISÃO NÃO SERIA POSSÍVEL."

Se levarmos em consideração também a questão específica do deslocamento, os números reforçam as vantagens: em São Paulo, após a implementação do trabalho híbrido, o congestionamento foi consideravelmente reduzido. Um levantamento realizado pela Rede Globo em conjunto com a CET mostra uma queda de 32% no tráfego na cidade de São Paulo durante a semana, quando comparados os dados de maio de 2019 e maio de 2022 (GLOBO, 2022).

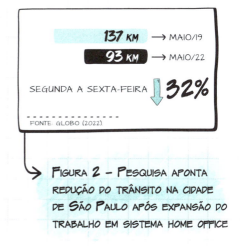

Figura 2 – Pesquisa aponta redução do trânsito na cidade de São Paulo após expansão do trabalho em sistema home office

Curiosamente, a pesquisa (GLOBO, 2022) mostra também que, pelo fato de a maioria dos trabalhadores optar pelos dias de terça a quinta-feira para trabalhar fora de casa, a segunda e a sexta-feira tiveram queda ainda mais expressiva: 42% e 35%, respectivamente.

Em outra pesquisa, conduzida por Paul Ferreira para o *MIT Sloan Management Review Brasil*, mesmo considerando os problemas a serem enfrentados, como as questões de renda no país, as previsões são parecidas:

Figura 3 – Queda expressiva do trânsito na cidade de São Paulo nos dias prevalentes de trabalho em sistema home office

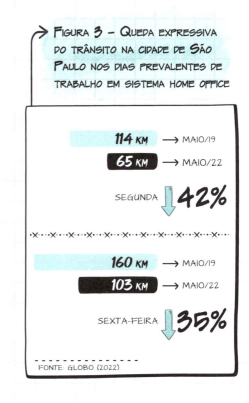

> MUITOS ESPECIALISTAS AFIRMAM QUE ESTAS MUDANÇAS NÃO SERÃO REVERTIDAS APÓS O FIM DA PANDEMIA, DEVIDO AO FEEDBACK POSITIVO QUE A ADOÇÃO FORÇADA DESTAS MODALIDADES DE TRABALHO TEVE. [...] INDEPENDENTEMENTE DA SOLUÇÃO ADOTADA PELAS EMPRESAS NO PÓS-PANDEMIA, É CERTO QUE O FUTURO DO TRABALHO SERÁ MARCADO POR UMA CRESCENTE FLEXIBILIZAÇÃO DAS RELAÇÕES E FORMATOS DE TRABALHO, IMPACTANDO DIRETAMENTE OS TRABALHADORES INSERIDOS NESSA REALIDADE. (FERREIRA, 2022)

Por todos esses motivos, investir no espaço de trabalho vale muito a pena, e, como veremos adiante, contribuirá para uma melhor interação entre os moradores da casa.

Veremos, a seguir, algumas informações úteis quanto aos aspectos do ambiente no qual o trabalho em sistema home office é executado.

ORGANIZAÇÃO

Novamente precisamos pensar que ninguém vê a bagunça que não é captada pela câmera, mas você, sim. E é o maior prejudicado por ela.

A base para uma boa organização do escritório pode ser alcançada com o passo a passo a seguir:

 TRIAR: JUNTE TODO O MATERIAL QUE VOCÊ COSTUMA UTILIZAR E SEPARE O QUE É LIXO, O QUE PRECISA SER CONSERTADO E O QUE ESTÁ EM BOAS CONDIÇÕES DE USO.

 CLASSIFICAR: DE TUDO AQUILO QUE ESTÁ BOM PARA USO, SEPARE CADA TIPO DE OBJETO EM UM GRUPO POR SEMELHANÇA — POR EXEMPLO, PAPÉIS, LÁPIS E CANETAS, PASTAS, ETC.

 GUARDAR: DEFINA ONDE CADA GRUPO SERÁ GUARDADO, DE MODO QUE FIQUE PRÁTICO E ACESSÍVEL PARA VOCÊ, E MANTENDO ALGUM TIPO DE DELIMITAÇÃO DE ESPAÇO, ESPECIALMENTE PARA PEÇAS PEQUENAS — POR EXEMPLO, UM PORTA-LÁPIS SOMENTE PARA OS LÁPIS, OUTRO PARA CANETAS, UMA GAVETA PARA PAPÉIS, UMA CAIXA DE ENTRADA E SAÍDA PARA DOCUMENTOS, PEQUENAS CAIXINHAS PARA CLIPES, ETC.

 REVISAR: DEPOIS DE ALGUNS DIAS DE IMPLEMENTAÇÃO, VERIFIQUE SE ESTÁ TUDO FUNCIONANDO BEM OU SE DEVE MELHORAR OU MODIFICAR ALGO — POR EXEMPLO, DEIXAR MAIS PRÓXIMO ALGO UTILIZADO COM UMA FREQUÊNCIA MAIOR DO QUE VOCÊ IMAGINAVA. LEMBRE-SE TAMBÉM DE LEVAR PARA CONSERTAR AQUILO QUE SEPAROU NO PASSO 1.

Para ajudar na organização, você pode lançar mão de caixas, envelopes, pastas e outros possíveis organizadores dos quais sinta necessidade. Mas atenção: a proposta não é encher o espaço de organizadores, e sim utilizar aqueles que farão diferença para evitar itens espalhados e que tendem a se misturar, como porta-lápis, caixas de saída e pastas para separar papéis.

Por melhores que sejam nossas intenções, e por mais bem-informados que estejamos, às vezes, mesmo que provisoriamente, não conseguimos implementar todos os procedimentos ideais. Uma dica muito interessante para quem, por qualquer razão, tem algum impedimento para trabalhar o tempo todo em um mesmo lugar é utilizar uma grande caixa ou um cesto no qual possa levar seu material de trabalho facilmente de um cômodo a outro.

MATERIAIS

As pessoas se relacionam com os objetos (e, portanto, com os materiais de trabalho) de maneiras diferentes. Alguns se atentam a diversos detalhes, enquanto outros são extremamente práticos. Neste início de século, o acesso à tecnologia também influenciou nosso comportamento, e sabemos que existem, por exemplo, os minimalistas por natureza, que, além de utilizar menos papel e preferir a opção digital — de fato, a mais sustentável —, chegam a dispensar até mesmo o uso de um bloco de anotações (pois podem fazer isso também digitalmente). Mas deixamos aqui uma reflexão: sempre existe a possibilidade de, em alguns momentos de emergência, precisarmos de uma caneta e um papel à disposição, seja por uma possível falta de energia elétrica no local, seja por um telefonema importante enquanto sua tela está ocupada com outras atividades, ou até mesmo um problema no equipamento. Assim, não custa nada deixar algumas folhas para rascunho à mão, e isso pode ser feito de maneira sustentável, reutilizando-se o verso de papéis que podem ser cortados em partes menores e guardados em uma pequena caixa decorativa, ou até grampeados, formando um pequeno bloco.

Isso posto, vamos lembrar outros itens importantes a considerar ao organizar seu escritório, sempre tendo em mente que, quanto mais compartimentados, ou seja, guardados em recipientes próprios para não se misturarem com outros objetos, melhor.

Figura 4 - Exemplo de organização para itens de escritório

Documentos e papéis em branco para impressão ou rascunho precisam de atenção especial, pois são os que mais causam bagunça e sensação de cansaço no espaço de trabalho. Mantenha os refis para impressão perto da impressora, os rascunhos ou blocos à mão, e os documentos devidamente organizados e classificados em pastas.

Se você utiliza papéis, é interessante providenciar uma pequena lixeira. Se utiliza documentos importantes, pode considerar a necessidade de um triturador de papéis (mas essa necessidade deve ser avaliada em conjunto com a empresa). Pesos para papel são úteis se há correntes de vento no local.

Algumas pessoas, como vimos, mal precisam de canetas, lápis ou lapiseiras, enquanto outras formam até coleções. Normalmente, a melhor forma de organizá-los é na posição vertical (ou seja, em porta-lápis), mas, se você os utiliza pouco e prefere guardá-los em gavetas, opte por caixas decorativas ou transparentes no tamanho dos itens maiores.

Tudo o que se refere a manutenção de computador e impressora fica mais prático se guardado próximo aos aparelhos. Lembre-se da importância de deixar cartuchos ou recipientes de tinta visíveis, para notar, antes que terminem, que precisa repô-los. Cabos e fios não utilizados podem ser armazenados em caixas, e os utilizados podem ser melhor organizados (agrupados ou escondidos) por diversas opções disponíveis no mercado. Procure manter uma flanela de microfibra limpa e um limpa-telas no mesmo local.

Utilize suporte para notebook ou celular se houver necessidade (pela questão de ergonomia, no primeiro caso, ou se você utiliza fones de ouvido para fazer longas chamadas de vídeo e precisa posicioná-los bem, no segundo). Do contrário, quanto menos objetos por perto, melhor.

Caso você utilize *pen drives*, CDs e outros itens de armazenamento de arquivos e pastas, agrupe-os e guarde-os juntos, de preferência devidamente identificados com o assunto a que se referem.

Se você tem o hábito de gravar vídeos, guarde todos os equipamentos e itens relacionados num mesmo case, saquinho ou caixa, para que não esqueça nada sempre que for utilizá-los.

Planners, calendários, quadros brancos ou de cortiça são itens que, se bem utilizados (ou seja, com a frequência devida), ajudam aqueles que têm maior dificuldade em planejamento diário.

Miudezas como clipes, grampos, grafites, tachinhas ou ímãs ficam bem armazenadas em organizadores pequenos com divisórias ou minicaixas que podem ser guardadas em gavetas. É importante que você consiga visualizar a quantidade de cada item rapidamente para saber quando fazer as devidas reposições.

Deixe sobre a mesa apenas o que usa com frequência. Grampeador, régua, tesoura, carimbo, corretivo, extrator de clipes e outros equivalentes devem estar por perto somente se fizerem parte de sua rotina todo dia. Porta-cartões podem ficar à vista se você costuma receber pessoas no seu escritório. Em caso negativo, um de tipo portátil pode ser levado na bolsa ou pasta para reunir alguns poucos quando houver necessidade (o restante pode ser armazenado em uma caixa fora do campo de visão e de tamanho adequado à quantidade).

Livros devem estar presentes de preferência se você os utiliza no trabalho. Se costuma lê-los em outro local (na sala, por exemplo), é mais interessante que fiquem próximos a onde se senta para fazer isso. Você pode (ou não) fazer uma divisão entre os livros de trabalho e os de lazer.

CUIDADOS COM OS LIVROS

LIVROS PEDEM ALGUNS CUIDADOS ESPECIAIS:

- [✓] ESCOLHA BEM O LOCAL ONDE ARMAZENÁ-LOS: O AMBIENTE DEVE SER AREJADO, MAS A LUZ SOLAR NÃO DEVE INCIDIR DIRETAMENTE SOBRE ELES.

- [✓] PRATELEIRAS SÃO A MELHOR OPÇÃO DE ARMAZENAMENTO, MAS, SE O LOCAL ACUMULAR FACILMENTE MUITO PÓ, CONSIDERE ARMÁRIOS COM PORTAS LEVES, PARA PODER ABRI-LAS COM FREQUÊNCIA E AREJÁ-LOS.

- [✓] A FIM DE EVITAR UMIDADE, RECOMENDA-SE QUE SEJAM MANTIDOS A UMA DISTÂNCIA DE 5 CM DA PAREDE.

- [✓] PROCURE NÃO OS ENCAPAR NEM UTILIZAR PLÁSTICO PARA SEU ARMAZENAMENTO, POIS ISSO TAMBÉM AUMENTA A PROBABILIDADE DE FORMAÇÃO DE MOFO.

- [✓] PARA MELHOR CONSERVAÇÃO, ELES DEVEM SER GUARDADOS EM PÉ, APOIADOS NO PRÓPRIO ARMÁRIO OU EM SUPORTES PARA LIVROS, E SEM FICAR APERTADOS DEMAIS UNS CONTRA OS OUTROS.

- [✓] É IMPORTANTE AO MENOS DUAS VEZES POR ANO FOLHEAR SUAS PÁGINAS, PARA EVITAR INSETOS E MICRO-ORGANISMOS.

- [✓] A LIMPEZA DEVE SER FEITA APENAS COM PANO SECO OU ESCOVINHA MACIA.

Se você só utiliza óculos durante o trabalho, reserve um espaço para guardá-los, de preferência em seu próprio estojo, com lencinho e *spray* com produto para sua limpeza ou *kit* de lenços umedecidos próprios para isso. Deixe o *kit* sempre junto.

Instalar um ou dois ganchos em algum canto estratégico para pendurar bolsa ou *case* para notebook pode ser bastante útil.

Deixe todo o restante de que mais costuma precisar (como fone de ouvido, carregador de notebook e celular, água, copo, jarra, bandeja, porta-copo, frutas e tudo o que for relacionado às suas atividades) à mão para não precisar ficar procurando enquanto fala ao telefone, por exemplo; isso afeta diretamente nosso foco na atividade, impactando a produtividade do dia. Se necessário, mantenha (na cozinha, de repente) uma lista fixa daquilo que precisa levar diariamente ao seu espaço, assim poderá verificar se não se esqueceu de nada antes de se dirigir para lá. (Mas cabe aqui uma ressalva: se você é do tipo sedentário e não consegue se lembrar de manter o corpo em movimento de vez em quando, talvez seja uma estratégia interessante deixar as coisas de propósito na cozinha, para caminhar e se mexer um pouco durante seus *breaks*. O segredo, nesse caso, é deixar tudo organizado antes do expediente, numa bandeja, por exemplo, para não perder tempo nem ter preocupações com mais tarefas no momento de relaxar um pouco a mente).

Agora que já apresentamos algumas diretrizes para melhorar a organização do seu espaço, vejamos o que podemos fazer para torná-lo o mais agradável possível para uso diário.

ASPECTOS VISUAIS E ESTÉTICOS

PARA UMA MENTE SAUDÁVEL

Embora existam muitos estudos científicos apontando os malefícios da poluição visual nas grandes cidades — a qual, em casos extremos, pode até mesmo contribuir para causar acidentes, por provocar distração —, inclusive pelo fato de o tema ser trabalhado nas escolas, menor atenção costuma se dar quando se trata de pequenos ambientes desordenados, cujos usuários também sofrem impacto negativo. O conceito, entretanto, mantém-se o mesmo, conforme relata este estudo apresentado em um congresso internacional de planejamento urbano:

> Entende-se que, para as percepções humanas, formas simétricas, equilibradas, simplificadas, regulares e neutras são menos complexas para o cérebro, então, exigem menos esforço para serem lidas e aprendidas corretamente. [...] A confusão na percepção do usuário que a poluição visual acarreta tem efeitos negativos: qualquer exagero de informação causa um desconforto, um transtorno emocional. (CANDIDO; DOMINGOS; SANCHES, 2016)

Assim, móveis aglomerados, objetos desordenados ou espaço "sufocante" são inadequados para um trabalho tranquilo e produtivo.

Por outro lado, alguns pequenos estímulos que naturalizem a área para quem nele for interagir, especialmente via câmera, também são importantes. Se o espaço for impessoal demais, como, por exemplo, uma parede branca e vazia na tela do computador ou do celular, poderá se tornar mais cansativo e desconfortável para quem está assistindo, trazendo uma sensação de artificialidade (já que é mais natural haver algum cenário, planta ou objeto atrás de nós) e frieza. Até os hospitais e laboratórios clínicos têm apostado em decorações mais humanizadas e aconchegantes, então por que não fazer o mesmo onde passaremos grande parte do nosso tempo?

O ideal é ter o mínimo de móveis e objetos no local, resumindo-os aos indispensáveis às suas atividades, aos que ajudam na organização e aos detalhes que, como sugere a pioneira em organização Marie Kondo, trazem alegria a você: "O que nos interessa é manter aquilo que traz alegria. Se jogar tudo fora, a casa acabará ficando sem nada, e não acho que você será feliz morando em uma casa vazia. O objetivo da arrumação é criar uma moradia repleta dos objetos que amamos" (2016, p. 47).

Os indispensáveis às atividades seriam basicamente uma mesa de tamanho eficiente, uma cadeira (confortável para passar algumas horas), e prateleiras, armário(s) ou gaveteiro(s) que possam armazenar seu material.

Os detalhes capazes de trazer alegria seriam peças que nos despertam bons pensamentos: um desenho feito por alguém querido, um artesanato que remeta a uma viagem agradável, uma frase motivadora que tenhamos lido e da qual gostaríamos de nos lembrar...

Aproveite aquela antiga cesta bonita para organizar itens espalhados, velas perfumadas esquecidas para trazer novas sensações, uma foto de família que remeta a boas lembranças num porta-retratos ou uma imagem que lembre você de seus sonhos e possa ser transformada num quadro, papel ou adesivo de parede (mas não tudo ao mesmo tempo!). Se tiver dificuldade para visualizar, pesquise na internet algo com que se identifique e que inspire agradáveis emoções.

DERRUBANDO BARREIRAS

O nível de simplicidade ou não na decoração dependerá de suas necessidades, possibilidades e personalidade.

Por exemplo, existem aqueles que têm prazer em decorar um espaço e se sentem motivados a investir nisso comprando alguns bens; outros adorariam usar parte do tempo de lazer para criar algumas peças; enquanto outros ainda preferem o máximo de praticidade.

Há quem adoraria pensar nessa remodelagem, mas está sobrecarregado no momento; algumas pessoas não dispõem de recursos financeiros para fazer da maneira como gostariam; e outras sentem que o espaço pequeno não comporta muitas mudanças.

Seja qual for a sua situação, acredite: tudo sempre pode ser melhorado e tem solução. A *praticidade* se obtém especialmente com a "limpa" e uma boa organização do local; a *falta de espaço* pode ser compensada com um bom projeto de pintura e distribuição dos elementos; a *falta de tempo* dependerá muito da maneira como você gerirá sua rotina, e recomendamos fortemente ponderar os ganhos no seu dia a dia se de fato colocar esse pequeno plano em execução; e *a falta de recursos financeiros* pode ser resolvida provisoriamente com objetos reutilizados que você já tenha em casa (caixa de sapato, pote de sorvete, etc.). Aproveite a dica que Kondo dá em seu outro livro: "Sempre que encontrar caixas bonitas quando estiver limpando e selecionando seus pertences, coloque-as em um único lugar até que esteja pronto para começar a guardar as coisas. Depois que tiver organizado toda a casa, jogue fora as que sobrarem" (2015, p. 122). E por que não reservar uma manhã ou tarde de domingo para pintar ou adornar essas peças? Pode ser ricamente terapêutico.

PREPARANDO O ESPAÇO

O que chamamos de estilo é, na verdade, um reflexo da nossa personalidade. Ou seja, aquilo que nós somos e valorizamos se reflete em nossas escolhas, preferências e aparência. Por isso, na consultoria de estilo de moda, por exemplo, são realizados testes de personalidade para identificar que estilo se adéqua melhor a cada cliente. Isso pode ser notado no nosso gosto por determinado carro, nas nossas cores preferidas, no modo como levamos nossa vida (mais urbano, natural, reservado, livre, glamouroso, etc.).

Assim, começar a reparar nos nossos gostos em geral, e não apenas no que costumamos comprar ou admirar (às vezes compramos e não usamos, ou admiramos na casa dos outros, mas não para nosso uso), pode nos dar uma boa noção do que funcionará bem no nosso espaço de trabalho. Selecionar imagens de referências diversas na internet também é uma ótima dica: não se atenha somente a ambientes, mas a fotografias de situações, paisagens, cores e materiais que atraiam sua atenção, pois elas podem desencadear novas percepções e ajudar a identificar melhor o que lhe proporciona maior bem-estar e prazer.

Depois de determinar com mais clareza o estilo, é possível transformar um espaço com poucos ajustes, criando um "clima" rústico (de campo ou metropolitano), sofisticado (para receber colegas de trabalho), despojado (para alimentar a criatividade), e assim por diante. É uma questão de prestar atenção aos detalhes. Mesmo que não apareça na câmera, você está ali, e tem todo o direito de sentir a maior satisfação possível com seu ambiente de trabalho.

Algumas pessoas se sentem confortáveis para se concentrar em espaços bem calmos e neutros, enquanto outras precisam de um pouco de estímulo, com formas e/ou cores. Há quem não abra mão de plantas, enquanto outros sentem-se à vontade com elementos mais sérios e contemporâneos.

Seja qual for o seu padrão de preferência, aqui vão algumas dicas essenciais a qualquer gosto:

 TENHA UMA BOA ILUMINAÇÃO, DE PREFERÊNCIA (MAS NÃO APENAS) NATURAL. NA HORA DE COMPRAR LÂMPADAS E SPOTS, VERIFIQUE: O NÍVEL DE LUMINOSIDADE (GERALMENTE DE 300 LUX, COM EXCEÇÃO DE PESSOAS ACIMA DE 45 ANOS OU COM ALGUM TIPO DE LIMITAÇÃO PARA ENXERGAR, PARA AS QUAIS É INDICADO AUMENTAR A ILUMINAÇÃO); O TIPO DE LÂMPADA (FLUORESCENTES OU, PREFERENCIALMENTE, LED); E A TEMPERATURA DA COR (O IDEAL SERIA POR VOLTA DE 5000 K, QUANDO É MAIS BRANCA). SE A ILUMINAÇÃO FOR GERAL (DE TETO), MANTENHA UMA DISTÂNCIA DE 70 CM A 90 CM ENTRE A LÂMPADA E A MESA DE TRABALHO. QUANDO NECESSÁRIO,

Não abra mão de uma luminária de mesa, para não precisar forçar a vista, mas certifique-se de utilizar nela uma lâmpada fria. A luz natural também é importante para a produção de vitamina D — portanto, sempre que possível, reserve quinze minutinhos por dia para tomar sol mesmo que fora desse espaço: você se sentirá mais bem-disposto para trabalhar. Posicionar sua estação de trabalho perto de uma janela é incrível, desde que a tela não fique com reflexos e o calor não incomode você.

- Mantenha a limpeza em dia. Para isso, nada melhor do que poucos objetos sobre mesas e prateleiras. Caso não tenha tempo para fazer isso com certa frequência, principalmente se mora em uma grande cidade, onde o pó rapidamente se acumula, avalie a possibilidade de reservar parte dos seus recursos para ter alguém que possa ajudar você nesse quesito. Muitas vezes, seu tempo despendido nesse tipo de tarefa sai mais caro.

- A ventilação é essencial para uma boa produtividade. Ao lado da dor, passar calor ou frio são dois dos fatores que mais diminuem o nosso rendimento. Avalie a possibilidade de utilizar ventilador ou ar-condicionado caso more em uma região quente, ou um aquecedor portátil se sua cidade passa por períodos significativos de temperaturas muito baixas. Acima de tudo, tenha uma boa circulação de ar no local. A temperatura ambiente ideal para trabalhar com conforto varia entre 20 °C e 23 °C.

- Mantenha o mínimo de informações visuais no local. Se tiver dificuldade em fazer essa redução, avalie quanto uma decoração

MAIS CARREGADA IMPACTA O SEU EMOCIONAL. NORMALMENTE, UM ÚNICO ELEMENTO QUE REPRESENTA UMA CATEGORIA (POR EXEMPLO, UM BONECO REPRESENTANDO UMA COLEÇÃO) É SUFICIENTE PARA MOTIVAR SEU DONO — E TEM A VANTAGEM DE PODER SER SUBSTITUÍDO DE TEMPOS EM TEMPOS, QUEBRANDO A ROTINA DESSA DECORAÇÃO.

- OUTRO PONTO IMPORTANTE NO QUESITO POLUIÇÃO VISUAL É MANTER ESPAÇOS VAZIOS ENTRE OS MÓVEIS (PERMITINDO BOA CIRCULAÇÃO) E ENTRE OS OBJETOS, COMO LIVROS E REVISTAS. ISSO GARANTE UM "RESPIRO" E ELIMINA A SENSAÇÃO DE SUFOCAMENTO. PROCURE DEIXAR O QUE MAIS UTILIZA À MÃO E, SE POSSÍVEL, GUARDAR O RESTANTE DOS ELEMENTOS EM ARMÁRIOS, TIRANDO-OS DO SEU CAMPO DE VISÃO.

- NO MOMENTO DE ESCOLHER AS CORES QUE GOSTARIA DE VER NO AMBIENTE, NÃO OPTE POR NEUTRO DEMAIS NEM COLORIDO DEMAIS. UMA BOA PEDIDA É MESCLAR UMA PAREDE FORTE COM ELEMENTOS NEUTROS, OU UMA PAREDE NEUTRA COM OBJETOS MAIS INTERESSANTES. O EXCESSO DE ENERGIA OU SUA FALTA PODERÃO AFETAR SEU DESEMPENHO.

CORES

O padrão de escritórios impessoais que predominou por décadas vem cada vez mais caindo em desuso, sendo substituído pela consciência a respeito da influência visual do ambiente de trabalho em nosso bem-estar. Um artigo da *Work in Mind*, plataforma de conteúdo dirigido à área de saúde no trabalho, fala sobre os benefícios de incorporar cores e arte no escritório, seja ele em casa ou nas empresas:

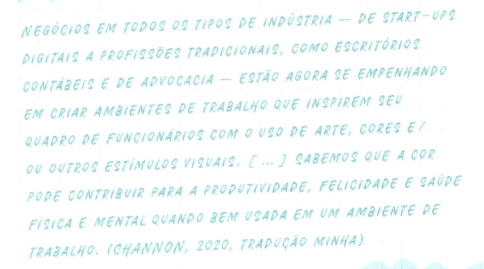

NEGÓCIOS EM TODOS OS TIPOS DE INDÚSTRIA — DE START-UPS DIGITAIS A PROFISSÕES TRADICIONAIS, COMO ESCRITÓRIOS CONTÁBEIS E DE ADVOCACIA — ESTÃO AGORA SE EMPENHANDO EM CRIAR AMBIENTES DE TRABALHO QUE INSPIREM SEU QUADRO DE FUNCIONÁRIOS COM O USO DE ARTE, CORES E/OU OUTROS ESTÍMULOS VISUAIS. [...] SABEMOS QUE A COR PODE CONTRIBUIR PARA A PRODUTIVIDADE, FELICIDADE E SAÚDE FÍSICA E MENTAL QUANDO BEM USADA EM UM AMBIENTE DE TRABALHO. (CHANNON, 2020, TRADUÇÃO MINHA)

E complementa com os dados de uma pesquisa realizada pelo doutor Craig Knight, especialista na área de psicologia de ambientes de trabalho: "A pesquisa constatou que os participantes que trabalhavam em um espaço decorado eram aproximadamente 15% mais rápidos em concluir tarefas do que aqueles que trabalhavam em ambientes monótonos" (CHANNON, 2020, tradução minha).

As cores, historicamente, são representadas de maneira simbólica nas culturas do mundo inteiro, sendo associadas a religiões, identidades, sistemas de avisos, elementos de cura, profissões, etc. Algumas simbologias são comuns a diversas regiões, enquanto outras variam bastante. Um exemplo extremo talvez seja a vinculação da cor ao luto, que no Ocidente é preto e, em alguns países do Oriente, branco. As associações baseadas em simbologias, embora normalmente tragam uma explicação lógica em sua origem, de maneira geral não devem ser consideradas científicas:

> O SINAL VERMELHO DO SEMÁFORO SIGNIFICA "PARE" PORQUE É ISTO QUE CONCORDAMOS QUE SIGNIFICA. TRATA-SE DE UMA COMPREENSÃO MUITO DIFERENTE DAS TEORIAS PROPOSTAS POR TERAPEUTAS E PSICÓLOGOS DA COR [...], QUE ACREDITAM QUE AS CORES CARREGAM SIGNIFICADOS UNIVERSAIS INTRÍNSECOS. UMA VEZ ESTABELECIDOS, OS SIGNIFICADOS ARBITRÁRIOS DAS CORES PERSISTEM. (FRASER; BANKS, 2007)

Independentemente dos significados culturais que lhes podem ser atribuídos, as cores naturalmente têm um impacto emocional sobre nós, o que é fácil identificar quando nos vemos em um ambiente colorido em um único tom, por exemplo. Não à toa, o marketing tem um longo histórico de utilização desses recursos para atrair e impactar o consumidor e suas ações, como vemos no trecho a seguir, do livro *Vitrina: veículo de comunicação e venda*:

> AS CORES SÃO UM DOS MAIS FORTES ESTÍMULOS NO PROCESSO DE INFORMAÇÃO E SEDUÇÃO. [...] A COR CRIA OS MAIS DIVERSOS TIPOS DE AMBIENTES, INFLUINDO NA TEMPERATURA (QUENTE OU FRIA), NA DIMENSÃO (CRIA VOLUME, DANDO A APARÊNCIA DE GRANDE OU PEQUENO, ALTO OU BAIXO, LARGO OU ESTREITO). ELA INFLUI NO HUMOR E DESPERTA DIFERENTES SENTIMENTOS E SENSAÇÕES. É UMA DAS PRINCIPAIS FERRAMENTAS DE COMUNICAÇÃO, DIRECIONADA POR ASPECTOS VISUAIS, FISIOLÓGICOS, PSICOLÓGICOS OU CULTURAIS. (LOURENÇO; SAM, 2018)

Embora todos os estudos científicos voltados às cores sejam valiosíssimos, o que nos interessa de modo objetivo, para a finalidade específica da decoração do home office, são principalmente dois aspectos: as sensações psicológicas e físicas que elas causam.

Psicológicas porque, ao entrarmos em um espaço, de acordo com a combinação de cores aplicada (entre outros fatores), podemos senti-lo acolhedor, intimidador, amplo, claustrofóbico, e assim por diante. Se tivermos consciência disso, poderemos utilizar as cores para que ajudem a transformar esses espaços segundo nosso interesse e desejo.

Físicas porque determinadas cores, além de transmitir sensação psicológica de calor ou frescor por associações mentais, podem efetivamente aumentar ou baixar a temperatura do ambiente e do nosso corpo pelo fato de absorverem ou refletirem a luz solar. Assim, daremos maior peso a essas duas abordagens, em vez da simbologia cultural em si.

A seguir, conheceremos um pouco mais sobre as sensações psicológicas geralmente associadas a cada uma das cores isoladamente — lembrando que, dependendo da tonalidade, elas também podem despertar diferentes sensações: azul pastel (clara), azul-turquesa (vibrante) e azul-marinho (escura), por exemplo, costumam provocar, respectivamente, sensações de paz, alegria e sobriedade. Em geral, vale mais ou menos a mesma regra quanto à luminosidade de cada cor.

Devemos lembrar ainda que cores claras também refletem mais a luz, propiciando maior luminosidade e calor para o ambiente. Já as cores escuras podem ser equilibradas com paredes brancas, por exemplo, para amenizar os efeitos de falta de luz. Se você não tiver segurança para esse tipo de ousadia, porém, é melhor não arriscar até ter a oportunidade de consultar um profissional. A mesma recomendação vale para combinações muito inusitadas de cores. E, para quem não gosta de arriscar de forma alguma, o famoso *ton sur ton*, ou seja, tom sobre tom, ou variações de uma mesma cor, sempre funciona bem.

Considere a partir de agora que a cor da qual falaremos em cada tópico se referirá ao tom predominante no espaço, especialmente em paredes e móveis grandes, e que, em seguida, apontaremos outras cores interessantes a serem aplicadas em objetos e pontos de interesse para *contrastar* (ressaltar) ou *harmonizar* (combinar) com essa cor principal do cômodo, criando, respectivamente, um resultado mais *dinâmico* ou mais *calmo*. São dois recursos simples usados na decoração que você poderá aplicar com facilidade. (Apesar de, a rigor, branco, cinza e preto não serem considerados cores, eles serão incluídos aqui para facilitar nossa proposta didática.)

• BRANCO:

Cor da leveza, da pureza e da limpeza, pode trazer sofisticação e tem a vantagem de iluminar o ambiente, interferir pouco na decoração em geral e combinar com facilidade, mas exigirá mais empenho na composição de todos os objetos para o resultado não ficar monótono ou com sensação de vazio, além de uma rotina de limpeza impecável. Se aplicado em excesso, pode ainda gerar cansaço visual, por refletir muito a luz.

CORES PARA CONTRASTAR: preto, objetos escuros ou vibrantes.

CORES PARA HARMONIZAR: palha, acinzentados claros ou tons pastel em geral (neste último caso, cuidado para não ficar delicado demais se não desejar esse efeito).

• PRETO:

Cor associada a magia, mistério, tristeza, isolamento e distanciamento, mas também a sofisticação, discrição, elegância, solenidade, noite. Não é adequada para teto (apenas em grandes galpões com pé-direito excessivamente alto), absorve muito calor e rouba luminosidade, então não é a melhor opção; caso você não abra mão por gostar muito, a opção pode ser aplicar em uma parede única, atrás de um armário ou estante.

CORES PARA CONTRASTAR: branco, objetos claros ou vibrantes, metalizados (para sofisticação).

CORES PARA HARMONIZAR: acinzentados.

• AZUL:

Cor naturalmente relaxante, equilibrada, fresca, confortável, sóbria, serena, que ajuda no controle do estresse e da tensão e facilita o raciocínio, além de transmitir credibilidade e segurança e sensação de amplitude; dependendo do tom, entretanto, pode ativar a introspecção e ser um pouco deprimente. O ideal é optar por variações menos escuras e acinzentadas. Bom para ambientes fisicamente quentes.

CORES PARA CONTRASTAR: tons de amarelo ou laranja.

CORES PARA HARMONIZAR: azulados, esverdeados ou arroxeados que se aproximem da tonalidade de azul escolhida, branco; se quiser deixar o ambiente mais aconchegante ou caloroso sem criar contraste, opte pela combinação com tons de creme ou bege (se optar por vermelho ou vinho e branco, pode se aproximar de referências náuticas).

• VERDE:

Por ser a cor mais associada à natureza, é calma, equilibrada, revigorante e relaxante, trazendo bem-estar e sensação de liberdade, além de facilitar a concentração e a tomada de decisões, mas as versões mais puxadas para o folha ou o musgo podem despertar uma sensação de desânimo, por remeterem a deterioração; isso pode ser combatido com o uso de muitos acabamentos brancos ou peças decorativas puxadas para o creme, o areia e neutros leves em geral. Em tons muito abertos, como o limão, pode gerar cansaço visual ou agitação em pessoas mais sensíveis.

CORES PARA CONTRASTAR:
Vermelho, vinho ou arroxeados.

CORES PARA HARMONIZAR:
Esverdeados, variações do bege, ou azulados próximos da tonalidade de verde escolhida.

• VERMELHO:

Na versão mais saturada (pura), é uma ótima cor estimulante, de muita força e atração, remetendo a dinamismo, irreverência, conquista, objetividade, intensidade e ação, mas também pode provocar irritação, impulsividade, impaciência e até discussão entre pessoas; sugere-se aplicá-la mais em objetos decorativos que nas paredes, especialmente em espaços pequenos, mas as versões mais queimadas, escuras ou terrosas podem ser utilizadas com melhores resultados. O ideal é fazer uma única parede, se for o caso.

CORES PARA CONTRASTAR:
Esverdeados, preto, branco.

CORES PARA HARMONIZAR:
Bege, amarronzados, rosados; se quiser deixar o ambiente com sensação de mais fresco, opte por detalhes de cor azul, cinza ou menta, mas esteja ciente de que haverá um pouco de contraste (se optar por azul-marinho ou azul royal e branco, entra nas clássicas referências marinhas).

• ROSA:

Em tons claros, cria uma atmosfera intimista, privativa e confortável, e é naturalmente associada a calma, delicadeza, frescor, infância, suavidade, afetividade e sonho, de modo que, se você pretender causar uma impressão de autoconfiança e segurança, talvez não seja a mais indicada. Combinada ao preto, no entanto, pode trazer sofisticação.

CORES PARA CONTRASTAR:
Verde, preto.

CORES PARA HARMONIZAR:
Lilases, branco, cinza, pêssego, prata. (Os tons fortes, como o pink e o fúcsia, normalmente são associados a adolescentes ou a tecnologia; contrastam bem com verde-limão, turquesa, branco, preto e prata, e harmonizam com violeta, arroxeados e cinza mais escuro.)

● LARANJA:

Cor ideal para a criatividade, a sociabilidade e a extroversão, desperta energia, otimismo, bom humor e alegria, mas também pode enjoar logo, portanto é bom ter certeza de que se pretende utilizá-la; uma boa opção para quem não quer arriscar é a utilização de tons mais suaves, como o coral e o salmão. Um detalhe importante é que pode estimular o apetite — o que pode ser positivo ou negativo, dependendo da pessoa e do momento.

CORES PARA CONTRASTAR:
Azuis, especialmente o turquesa (alegre) e o marinho (mais sóbrio).

CORES PARA HARMONIZAR:
Salmão, terrosos, amarelados, avermelhados. Para deixar o ambiente com sensação de mais fresco, opte por tonalidades claras de cinza, azul, petróleo ou verde; ainda haverá contraste, mas será menos intenso do que com os tons mais saturados.

● AMARELO:

Reflete bastante luz, cria amplitude, é alegre, atraente e vibrante. Associada ao sol e ao verão, costuma lembrar vitalidade, otimismo, espontaneidade e diversão. Por estimular a criatividade, o raciocínio, a inspiração e a concentração, além de ajudar na manutenção do ritmo, é uma das cores mais indicadas para estudo e trabalho. Mas pode cansar um pouco quem prefere um ambiente calmo; nesse caso, é melhor optar por um tom pastel. Assim como o laranja, estimula o apetite, mas auxilia na digestão.

CORES PARA CONTRASTAR:
Roxos, azuis, grafite.

CORES PARA HARMONIZAR:
Branco, alaranjados, lima, ocre, amarronzados.

● MARROM:

Não é uma escolha óbvia, pois, apesar de remeter à terra e à natureza e trazer sofisticação, é pouco estimulante e, muitas vezes, fica escuro e oprime — ou, se puxado para o ocre, provoca o mesmo efeito de abatimento ou deterioração do verde-musgo; o ideal é puxar para os terrosos, como o terracota, e não exagerar, porque essa tonalidade contém pigmentos de vermelho.

CORES PARA CONTRASTAR:
Azuis, menta, branco.

CORES PARA HARMONIZAR:
Palha, bege, alaranjados, dourado (sofistica).

• VIOLETA:

AS VARIAÇÕES MAIS CLARAS REMETEM A ESPIRITUALIDADE, MEDITAÇÃO, INTUIÇÃO E MISTICISMO, MAS PODEM TAMBÉM CONTER UM POUCO DO EFEITO DOS ROSADOS E ACALMAR OU TRAZER REFRESCÂNCIA (QUANDO MAIS AZULADOS) E DELICADEZA, ALÉM DE TRANSMITIR DIGNIDADE, ESTIMA E ALEGRIA. AS TONALIDADES MAIS ESCURAS, ATÉ O ROXO, SÃO DIFÍCEIS DE APLICAR, PORQUE EM GERAL "SUFOCAM" O ESPAÇO, PODENDO TRAZER SENSAÇÃO DE SOLIDÃO OU MELANCOLIA. O VIOLETA EM SI, QUE É O MEIO-TERMO NO QUESITO LUMINOSIDADE, PODE SER CONSIDERADO EXÓTICO, EXCLUSIVO, LUXUOSO E INUSITADO, REPRESENTANDO AUTOCONFIANÇA, MAS DIMINUI VISUALMENTE O AMBIENTE.

CORES PARA CONTRASTAR:
VERDE, OCRE, AMARELO, BRANCO.

CORES PARA HARMONIZAR:
ROSADOS, AZULADOS (MAS ESFRIAM O AMBIENTE). SE QUISER DEIXAR O ESPAÇO UM POUCO MAIS ACONCHEGANTE, MESCLE COM CREME OU OFF-WHITE (BRANCO PUXADO PARA O PEROLADO).

• BEGE:

CLÁSSICA, SUTIL, REQUINTADA E FÁCIL DE COMBINAR, É UMA ESCOLHA COM GARANTIA DE ACERTO. SUAS VARIAÇÕES SÃO MUITO ASSOCIADAS A ELEMENTOS DA NATUREZA, DE MODO QUE COSTUMAM TRAZER BEM-ESTAR E PODEM CRIAR UMA ATMOSFERA RÚSTICA OU ACONCHEGANTE, DEPENDENDO DAS TEXTURAS E DOS MATERIAIS EM GERAL UTILIZADOS NA DECORAÇÃO. NO ENTANTO, EXIGEM A PRESENÇA DE ITENS INTERESSANTES NA DECORAÇÃO PARA NÃO FICAR SEM GRAÇA DEMAIS.

CORES PARA CONTRASTAR:
CORES VIBRANTES, COMO O VERMELHO E O VINHO, PRETO (SOFISTICA).

CORES PARA HARMONIZAR:
TONS DE MARROM E CRU.

• CINZA:

ASSIM COMO O BEGE E O BRANCO, É UMA COR QUE INTERFERE POUCO EM TERMOS DE EMOÇÃO, E PODE REMETER A INDÚSTRIA E MAQUINÁRIO. EM GERAL, TRANSMITE TRANQUILIDADE, DISTINÇÃO E SOBRIEDADE, MAS, POR LEMBRAR O CÉU NUBLADO, TAMBÉM PODE TRAZER UM POUCO DE SENSAÇÃO DE TRISTEZA A PESSOAS MAIS SENSÍVEIS; OS TONS CLAROS, POR OUTRO LADO, SUAVIZAM TAL EFEITO.

CORES PARA CONTRASTAR:
BRANCO, PRETO OU TONS VIBRANTES (VERMELHO, LIMÃO, PINK, TURQUESA).

CORES PARA HARMONIZAR:
VARIAÇÕES DA ESCALA DE CINZA, AZUIS E VERDES ACINZENTADOS (MAS PODEM DEIXAR O AMBIENTE TRISTE, NECESSITANDO DE PONTOS DE CORES CONTRASTANTES PARA EQUILIBRAR).

● METALIZADOS:

DOURADO, PRATEADO, AÇO (PRATA VELHA), COBRE (ROSÉ) E BRONZE (OURO VELHO) SÃO CORES SOFISTICADAS, INTENSAS E CHAMATIVAS, PORÉM GRANDES SUPERFÍCIES METÁLICAS REVERBERAM MAIS O SOM, PREJUDICANDO UM POUCO A ACÚSTICA DO ESPAÇO, ENQUANTO GRANDES ÁREAS PINTADAS NESSAS CORES PODEM OFUSCAR A VISTA E DIFICULTAR A LEITURA OU PREJUDICAR A CONCENTRAÇÃO; O IDEAL É OPTAR POR DETALHES NESSES ACABAMENTOS, CASO O ESTILO ATRAIA VOCÊ.

CORES PARA CONTRASTAR:
BRANCO, PRETO.

CORES PARA HARMONIZAR:
ACINZENTADOS PARA PRATA E AÇO; TONALIDADES DE CREME, PÊSSEGO E BEGE, RESPECTIVAMENTE, PARA DOURADO, COBRE E BRONZE.

Caso pretenda pintar as paredes do seu espaço, lembre-se de fazer antes um teste em uma pequena área, porque, em geral, as cores escurecem após a secagem. Dependendo da cor e do estado anterior da parede, é muito importante aplicar antes uma base branca, e, dependendo da tinta, podem ser necessárias várias mãos até chegar à tonalidade desejada.

Com relação aos móveis e objetos decorativos, é importante ter em mente que as tonalidades de madeira e acabamentos em geral também fazem parte da composição das cores: um verniz pode puxar para o vermelho, para o amarelo ou para o verde, por exemplo. Assim, considere esses elementos inseridos na combinação de cores para o seu espaço.

Vale lembrar ainda que tudo o que se relaciona a cores e ambientações depende do contexto daquele cômodo, do mobiliário, da decoração geral e até mesmo da personalidade e do estilo de vida da pessoa, podendo trazer associações diferentes daquelas previstas, a partir da história de vida e do repertório de cada um, entre outros fatores.

> AS PESSOAS FREQUENTEMENTE ESCOLHEM AS CORES EM VIRTUDE DE ASSOCIAÇÕES PESSOAIS, ENQUANTO ILUSTRADORES, DESENHISTAS E ARQUITETOS NORMALMENTE NÃO O FAZEM. INDEPENDENTEMENTE DISSO, AQUELE EDIFÍCIO É CINZENTO, OU PRATEADO, OU COR-DE-ROSA POR ALGUMA RAZÃO; A COR DA ROUPA DAQUELA MULHER É PRETA POR ALGUMA RAZÃO, OU ATÉ MESMO MUITAS. SE VOCÊ COMPREENDER QUAIS SÃO ESSAS RAZÕES — E QUE COMBINAÇÕES DE SIGNOS ESTÃO ENVOLVIDAS —, SEU PRÓPRIO USO DA COR SE TORNARÁ MAIS SOFISTICADO. (FRASER; BANKS, 2007)

Um designer ou decorador é capacitado para projetar um ambiente de modo a garantir equilíbrio entre luz, cor e espaço até mesmo a partir de combinações inesperadas, obtendo resultados e sensações incríveis. Se você não se sente confortável para lidar com experimentações, siga mais à risca as informações deste guia ou pense na possibilidade de obter ajuda profissional; caso, ao contrário, você sinta natural atração pelo tema, use o guia como base e confie também na sua sensibilidade para ir experimentando um mundo de novas sensações.

OUTROS ASPECTOS VISUAIS E PSICOLÓGICOS

Além das cores, fatores como a disposição de objetos, estampas e formas também nos afetam psicologicamente. Aqui vão algumas dicas quanto a tais aspectos:

- OBJETOS ENFILEIRADOS EM LINHA CONTÍNUA DÃO A IMPRESSÃO DE MONOTONIA E MENOS ENERGIA. PARA QUEBRÁ-LA, SE ESSA FOR A SUA INTENÇÃO E VOCÊ PRETENDER CRIAR UM ESPAÇO MAIS DINÂMICO, DISPONHA OS ITENS EM FILEIRAS INTERMITENTES.

- CASO UTILIZE PAPEL DE PAREDE, SAIBA QUE MOTIVOS GRANDES TENDEM A DIMINUIR O ESPAÇO (E DESPERTAR MAIOR ACONCHEGO), ENQUANTO COM PADRÕES PEQUENOS OCORRE O INVERSO.

- A SIMETRIA, OU EQUILÍBRIO VISUAL, TRAZ MAIS CONFORTO MENTAL E ATRAPALHA MENOS O RACIOCÍNIO, ENTÃO PARA O HOME OFFICE É A TÉCNICA IDEAL.

- LISTRAS HORIZONTAIS AUMENTAM A LARGURA DE UM ESPAÇO, ENQUANTO LISTRAS VERTICAIS AUMENTAM SUA ALTURA.

- FORMAS GEOMÉTRICAS REDONDAS AJUDAM NA CONCENTRAÇÃO, QUADRADAS PASSAM ESTABILIDADE E FIRMEZA, E TRIÂNGULOS EQUILÁTEROS, EQUILÍBRIO E ENERGIA. EVITE OBJETOS DECORATIVOS QUE FIQUEM À SUA VISTA COM FORMAS COMPLICADAS OU MUITO IRREGULARES.

- SE SEU ESPAÇO FOR MAIS NEUTRO E TIVER POUCOS PONTOS DE INTERESSE, OU SEJA, POUCO CONTRASTE E INFORMAÇÕES, E VOCÊ SENTIR QUE "FALTA ALGO", OPTE PELA INCLUSÃO DE TEXTURAS OU PADRONAGENS (ESTAMPAS) NOS TECIDOS DE ESTOFADOS, ALMOFADAS OU PEÇAS DE DECORAÇÃO, NAS MESMAS CORES DO AMBIENTE.

Tendo tornado o espaço preparado para um dia a dia saudável, a próxima etapa é nos anteciparmos para tudo a nossa volta que impacte no trabalho e em nosso equilíbrio emocional. É disso que trataremos na próxima parte deste livro.

PARTE 3

O entorno

SOM

Todos estudamos na escola os tipos de poluição que afetam o planeta, mas ainda se fala pouco sobre os que interferem diretamente em nosso bem-estar. Assim como a poluição visual, a poluição sonora tem extrema importância para a produtividade em atividades que exigem concentração: além dos barulhos inerentes à nossa casa, podemos ficar sujeitos a ruídos vindos da rua, como sirenes, gritaria, buzinas, etc.

Algumas medidas simples podem ajudar, e muito, na redução desses inconvenientes, tanto em conferências diante da câmera como nos momentos de trabalho solitário. Uma delas é a utilização de fones de ouvido e microfone de lapela (ou *headset*). Você fica mais concentrado no áudio, e o microfone evita a captação de ruídos externos, trazendo maior clareza aos interlocutores.

Em casos mais extremos de barulho (locais de tráfego intenso com corredores de ônibus, por exemplo), outra opção que pode ser avaliada é a colocação de vidros ou placas com isolamento acústico, também conhecidos como antirruído.

Às vezes há o caso pontual de algum barulho ser provocado pela vizinhança, por causa de uma manutenção pequena de casa, uma festa ou mesmo de som alto. Nesse caso, em geral aconselha-se, por uma questão de bom senso, uma educada e franca conversa (no caso de apartamento, recorre-se ao síndico), de preferência com a cabeça fresca, no dia seguinte ao ocorrido, como alerta — o que muitas vezes resolve o problema.

Quando se trata de um inconveniente recorrente, porém, antes de tomar qualquer atitude, como a denúncia à polícia ou aos órgãos responsáveis, é importante verificar o padrão vigente estabelecido em sua cidade para configurar a perturbação do sossego. Ele determina o limite de ruído permitido em determinados horários — inclusive durante o período diurno. Existem leis que preveem punições com altas multas e até prisão. E, com o incremento de lares combinando-se a escritórios, a tendência é que esse tema esteja cada vez mais em pauta.

Já os casos de barulhos inconvenientes durante uma reunião virtual, como interfone tocando, podem ser evitados ou administrados com algumas medidas simples, como desativar essa opção (ou simplesmente tirar o fone do gancho) durante videoconferências importantes, caso você não tenha outra pessoa que possa se responsabilizar por esse tipo de atendimento no seu horário de trabalho. Se estiver sozinho e esperando uma entrega, você pode informar aos colegas de trabalho que precisará se ausentar rapidamente quando a chamada ocorrer. Para quem mora em casa e quer evitar a campainha, colocar um bilhete (de preferência plastificado, para poder ser reutilizado e resistir a dias de chuva) solicitando a entrega no vizinho (se ele for simpático e concordar em ajudar você) pode ser outra boa saída. O importante é buscar uma solução que atenda sua necessidade.

> ### TELEFONEMAS INDESEJADOS
>
> Algumas pessoas não se importam de receber chamadas de telemarketing, mas, se você não quer ser interrompido ou incomodado, tem o direito de se proteger. Para isso, basta acessar o site do Procon de seu estado e cadastrar o número de seu telefone no campo indicado. Conhecido como "não perturbe", "não me ligue" ou "bloqueio de telemarketing", o sistema mantém o telefone no cadastro por tempo indeterminado, e as empresas que eventualmente não o respeitarem, quando denunciadas, sofrerão multas. Há uma tolerância de trinta dias após o cadastramento para conhecimento das empresas.
>
> Existe outro sistema chamado "Não Me Perturbe" (https://www.naomeperturbe.com.br/), que pode ser utilizado em estados que estejam fora da área de cobertura da lei Não Perturbe.

Além das questões externas, precisamos considerar a sensibilidade de cada pessoa quanto a barulho, pois algumas possuem maior tolerância que outras. Se o som incomoda muito e com frequência, às vezes chegando a doer, é interessante consultar um otorrinolaringologista para solicitar uma audiometria, de modo a identificar alguma possível perturbação, como a hiperacusia (uma percepção auditiva acentuada), e seu tratamento adequado.

MÚSICA

Agora, observando a questão por outro viés, há quem assegure que o som pode, ao contrário, *auxiliar* na concentração e no desempenho das pessoas, e que, em determinados casos, estudar ou trabalhar ouvindo música pode ser positivo. Ao investigarmos a fundo o assunto, notamos que essa questão é mais complexa do que parece.

Em 2014, por exemplo, a revista *Exame* divulgou uma reportagem segundo a qual a música poderia ajudar os trabalhadores a se desconectar das distrações do entorno, mantendo maior concentração (VENCESLAU, 2014). A base para a conclusão vem de pesquisas divulgadas por uma empresa estrangeira que comercializa assinaturas de playlists exatamente com esse fim, informando contar com uma equipe de cientistas.

Em 2015, a mesma revista publicou novo artigo (GASPARINI, 2015), trazendo duas novas informações: primeiro, que, se a música já fosse conhecida, poderia ajudar no relaxamento e na concentração (músicas novas, ao contrário, captariam a atenção do cérebro); segundo, que seria melhor optar por canções que não despertassem emoções, porque o contrário também afetaria *negativamente* a atenção.

Já em 2016, uma terceira reportagem da revista (GASPARINI, 2016) afirmou que o desempenho de trabalhadores poderia ser pior quando ouvissem música. Além disso, relatou que o benefício de ouvir música no trabalho só ocorreria em duas situações: antes de iniciar a jornada, para trazer bem-estar e estimular a produtividade, ou quando se executam atividades repetitivas, para fugir da monotonia e elevar a atenção.

Todas as reportagens se basearam em pesquisas e depoimentos de especialistas, mas ainda assim temos de nos lembrar de analisar todo o contexto dos estudos, como sua finalidade, a amplitude do grupo populacional, as fases do experimento, as possibilidades de enviesamento, etc.

Isso posto, ao buscar respostas para o tema que nos interessa — o impacto da música no desempenho profissional —, inicialmente, tivemos a impressão de que as informações pareciam divergir, mas, ao nos aprofundarmos em cada uma das abordagens, notamos que em tudo havia um fundo de verdade: era uma questão de compreender melhor os contextos.

Em primeiro lugar, a música deve realmente ajudar se tiver a função de "mascarar" os ruídos do ambiente ao redor que atrapalham a concentração. "É como ligar um ar-condicionado barulhento quando se quer evitar o barulho da rua", explica Luís Pereira Justo, psiquiatra. "Mas nesse caso a pessoa não está ouvindo a música propriamente, do mesmo modo como não fica ouvindo o ar-condicionado, ou seja, não fica atenta ao som." Isso explica o que propõem as duas primeiras reportagens: ouvir canções conhecidas e de certa forma automáticas, e que não despertem emoções ou atenção, talvez possa servir como o ar-condicionado. "Eu acho que, para fazer isso, talvez você tenha que não gostar muito de música, porque, se gostar, será envolvido por ela. A não ser que se escolha um som quase mecânico", completa Justo.

Com relação à terceira reportagem, o psiquiatra explica que, atualmente, por influência do acesso aos avanços tecnológicos, as pessoas frequentemente se habituaram a ser "multitarefas", ou seja, executar várias atividades ao mesmo tempo, como assistir à televisão, conversar com alguém ao lado, trabalhar no computador e mexer no celular. A qualidade de cada uma dessas atividades, porém, fica altamente prejudicada, como o especialista esclarece:

> AS PESSOAS PODEM DESENVOLVER ESSE TIPO DE HABILIDADE, MAS ELA IMPLICARÁ PERDAS IMPORTANTES NO APROVEITAMENTO E NA BOA EXECUÇÃO DAS TAREFAS, GERANDO SUPERFICIALIDADE DA ATENÇÃO E A DIMINUIÇÃO DA CAPACIDADE DE COMPREENSÃO, DE EXECUTAR BEM UMA TAREFA INTELECTUAL. É DIFÍCIL ALGUÉM LER E OUVIR MÚSICA AO MESMO TEMPO, POR EXEMPLO, PORQUE PARA ISSO É PRECISO FAZER COM QUE O CÉREBRO FUNCIONE ADEQUADAMENTE EM DUAS REGIÕES DIFERENTES.

E o que diriam os profissionais da música a respeito do assunto? Um músico com cerca de trinta anos de carreira por nós entrevistado relatou: "Consigo ler e ouvir música clássica em volume baixo, mas, em determinados momentos mais emocionantes da música, paro a leitura, escuto, e depois volto a ler". Segundo ele, os músicos, após muitos anos de treinamento, desenvolvem a capacidade de ouvir diversos instrumentos simultaneamente, além de administrar o desenvolvimento de um show, avaliar o interesse de seu público e interagir com ele, por exemplo. Ainda assim, podem ter dificuldade em dividir a atenção no momento de realizar uma atividade intelectual que exija alta concentração. "Para determinadas tarefas do meu trabalho, como o momento de compor, o silêncio é fundamental", garante.

Assim, acreditamos que quem se sente melhor com música de fundo já experimentou esse hábito de maneira bem-sucedida em algum momento da vida, enquanto aqueles que dependem do silêncio para obter foco acabam se incomodando com o barulho e desligando ou reduzindo muito o volume ao testar essa opção.

Diante dessa rica e interessante discussão, podemos concluir alguns pontos:

- A música em geral atrapalha a concentração e a produtividade no trabalho, porque divide nossa atenção.

- Ouvir música pode ser útil quando realizamos atividades não intelectuais, mais físicas ou mecânicas.

- Sons monótonos que não incomodam podem ter a utilidade de encobrir sons desagradáveis que tiram nosso foco.

- O tipo de música propícia para som de fundo, assim como seu volume, varia de pessoa para pessoa, e de acordo com a atividade desempenhada e o efeito desejado.

- É incomum ter a habilidade de ler com atenção e ouvir música de fundo ao mesmo tempo de forma consciente.

- Tarefas intelectuais mais ativas, como escrever ou raciocinar de maneira mais complexa, funcionam em sua máxima potencialidade sem interrupções e em silêncio.

Os 10 vilões do home office

1. CACHORRO LATINDO
2. REFORMA NO VIZINHO
3. CARRO DE SOM NA RUA
4. QUEDA DE ENERGIA
5. FALTA DE CONVÍVIO SOCIAL
6. CAMPAINHA OU INTERFONE TOCANDO
7. COMPUTADOR TRAVANDO
8. ESPAÇO INADEQUADO
9. CRIANÇA CHORANDO
10. PROBLEMA DE SAÚDE

RESIDENTES E VISITANTES

No final das contas, nós só podemos ter controle absoluto sobre nossas próprias ações, mas considerar as demais pessoas em nosso espaço doméstico e incluí-las em nosso planejamento de trabalho pode ajudar muito a evitar surpresas desagradáveis — ou, ao contrário, receber a ajuda e o apoio delas para trabalhar melhor!

Para quem acha que todo esse movimento de trabalhar em casa é algo moderno, no entanto, De Masi faz uma bela análise para nos relembrar como esses dois ambientes evoluíram ao longo dos tempos:

> A primeira etapa é a do trabalho artesanal: trabalho e vida coincidiam totalmente. [...] O chefe da família era também o chefe da empresa, os trabalhadores eram os membros da família e os parentes, o crescimento de uma criança coincidia com o aprendizado do ofício, o tempo dedicado ao trabalho coincidia com o tempo da própria vida (por exemplo, se rezava, se cozinhava, se dormia nos mesmos lugares em que se trabalhava). [...] Somente após milhares de anos, no século XIX, este mundo se transforma em sociedade industrial. [...] O ambiente de vida não mais coincide com o local de trabalho. (2000, p. 191-192)

Nem precisamos ir muito longe: no século passado, ainda havia uma fortíssima presença de empresas familiares com esse perfil, nas quais todos trabalhavam e conviviam em casa diariamente. A própria história do desenvolvimento do país foi em boa parte fundamentada nesses princípios. O que mudou fundamentalmente, para o que vivemos hoje, são dois pontos centrais: em primeiro lugar, a família era antes centrada no patriarcado, e, embora as mulheres muitas vezes auxiliassem no trabalho, geralmente não eram as principais tomadoras de decisão, enquanto hoje em dia homens e mulheres costumam ser responsáveis pelo trabalho e pela administração financeira doméstica; em segundo lugar, as grandes empresas, mesmo as familiares, cresceram em proporções inéditas, especialmente a partir de compras e fusões, de modo que a grande maioria dos funcionários, até a pandemia, vivia exatamente nesse modelo distante do lar.

Como consequência das recentes mudanças, o papel dos casais também tem sofrido modificações, seja na educação e na convivência com os filhos, seja na administração da casa em si. O excesso de proximidade trouxe alguns desafios e até conflitos, mas também trouxe a oportunidade de a família ficar mais próxima, de reavaliar seus valores e estilo de vida, de reconfigurar sua rotina.

Assim, a palavra-chave para um bom funcionamento do lar-trabalho é *colaboração*. De todos. A divisão de tarefas entre os residentes é essencial. De Masi lembra: "Quando [...] o casal e a família operam em uníssono, como uma célula viva, aí então podem ser felizes por estarem juntos. [...] As tarefas podem ser alternadas: hoje eu faço as compras e você busca as crianças na escola" (DE MASI, 2000, p. 237). E os filhos podem e devem entrar nessa conta: a partir de 2 anos de idade, os pequenos já podem assumir pequenas responsabilidades.

EVOLUÇÃO DAS TAREFAS SEGUNDO A FAIXA ETÁRIA

SEGUIR À RISCA UM QUADRO COM TAREFAS DEFINIDAS PARA CADA IDADE É UM TANTO COMPLICADO, PORQUE O QUE SERVE PARA UMA FAMÍLIA NÃO NECESSARIAMENTE FUNCIONARÁ PARA OUTRA.

A VIVÊNCIA NOS MOSTRA QUE A CAPACIDADE DE EXECUTAR PEQUENAS TAREFAS PODE VARIAR UM POUCO EM CRIANÇAS DA MESMA IDADE POR DIVERSOS FATORES, MAS, DE MODO GERAL, PODEMOS ESTIMULÁ-LAS A, DESDE PEQUENAS, DESENVOLVEREM HABILIDADES DE ORGANIZAÇÃO E COLABORAÇÃO. DE NOSSA PARTE, CABEM, ENTRETANTO, ATITUDES POSITIVAS DE INCENTIVO, ACOMPANHAMENTO E RECONHECIMENTO, EM SINTONIA COM CADA FASE DA CRIANÇA.

ASSIM, DOS 2 AOS 3 ANOS, AS CRIANÇAS PODEM SER INCENTIVADAS A GUARDAR OS BRINQUEDOS, LEVAR PEQUENOS OBJETOS ATÉ OS PAIS, NÃO MEXER EM "COISAS DE TRABALHO DA MAMÃE OU DO PAPAI", RECOLHER UM OBJETO CAÍDO (UM PAPELZINHO NO CHÃO, POR EXEMPLO) OU OUTRAS ATIVIDADES SIMPLES MONITORADAS.

DOS 4 AOS 5 ANOS, PROGRESSIVAMENTE, PODEM AJUDAR A ARRUMAR A MESA (COMEÇAR, POR EXEMPLO, COM OS GUARDANAPOS), GUARDAR COMPRAS, REGAR PLANTAS, ENXUGAR LOUÇAS LEVES E OUTRAS ATIVIDADES SIMILARES, MAS SEMPRE SUPERVISIONADAS.

A PARTIR DOS 6 ANOS, EM MÉDIA, A CRIANÇA JÁ VAI ENTRANDO NO PERÍODO QUE PIAGET CHAMA DE *OPERATÓRIO CONCRETO* (PIAGET, 2012), EM QUE SÃO CAPAZES DE RESOLVER MAIS PROBLEMAS CONCRETOS A PARTIR DA LÓGICA. ASSIM, CONSEGUEM, EM PRINCÍPIO, PARTINDO DE TAREFAS MAIS SIMPLES, COMO PREPARAR LANCHES FRIOS VARIADOS, PROGREDIR DEPOIS PARA O USO DO MICRO-ONDAS E DO FOGÃO; COMEÇAR A DOBRAR PEÇAS SIMPLES DE ROUPA, COMO TOALHAS E LENÇOS, APRENDENDO DEPOIS OUTRAS MAIS DIFÍCEIS, COMO CAMISETAS, COM O AUXÍLIO DE GABARITOS OU DOBRADORES; INICIAR PENDURANDO ROUPAS NO VARAL DE CHÃO E MUDANDO, NO TEMPO ADEQUADO, PARA O VARAL ALTO; COMEÇAR A LAVAR LOUÇAS INQUEBRÁVEIS ATÉ SER CAPAZ DE LAVAR SEGURAMENTE O PRÓPRIO PRATO DE PORCELANA, O COPO DE VIDRO E OUTRAS PEÇAS; COMEÇAR COMPLETANDO A ÁGUA DO ANIMAL DE ESTIMAÇÃO ATÉ MAIS TARDE ALIMENTÁ-LO CORRETAMENTE E LEVÁ-LO PARA PASSEAR; E ASSIM POR DIANTE.

A PARTIR DOS 12 ANOS, EM MÉDIA, JÁ CONSIDERAMOS TRATAR-SE DO PERÍODO DE ADOLESCÊNCIA (EQUIVALENTE AO PERÍODO *OPERATÓRIO FORMAL* DE PIAGET), COM APRIMORAMENTO DO RACIOCÍNIO LÓGICO, SISTEMÁTICO, DEDUTIVO, ETC., O QUE TAMBÉM INCLUI QUESTIONAMENTOS AOS PAIS. É UMA FASE BEM MAIS COMPLEXA, MAS QUE, COM A INTERAÇÃO ADEQUADA, TAMBÉM PODE RESULTAR NA COLABORAÇÃO COM AS TAREFAS E A ORGANIZAÇÃO DA CASA.

O MONITORAMENTO E A SUPERVISÃO SÃO FUNDAMENTAIS PARA O DESENVOLVIMENTO DA CRIANÇA, PORQUE É A PARTIR DESSAS INTERAÇÕES COM OS PAIS OU ADULTOS QUE AS CERCAM QUE ELAS VÃO AMPLIANDO SEU REPERTÓRIO COGNITIVO E SEUS LIMITES.

✶ EM RESUMO:

2 A 3 ANOS: ATIVIDADES SIMPLES COM SUPERVISÃO

PROGRESSÃO DE ATIVIDADES SIMPLES COM SUPERVISÃO

4 A 5 ANOS:

6 ANOS: PROGRESSÃO E APROFUNDAMENTO DE ATIVIDADES COM MENOR SUPERVISÃO

A PARTIR DOS 12 ANOS

ATIVIDADES ROTINEIRAS GERAIS

Ou seja, mais uma vez, tudo é uma questão de organização e planejamento.

A seguir, convidamos você para algumas reflexões e ideias sobre como podemos lidar com os demais residentes durante nosso horário de trabalho.

CRIANÇAS

As crianças não são responsáveis pelos problemas; os pais, sim. Eles é que devem educá-las e estabelecer os limites para que entendam até onde podem ir. Mas seria irresponsável de nossa parte desconsiderar a quase impossibilidade de controle em determinadas fases da vida da criança, especialmente entre 2 e 3 anos de idade, quando estão no auge da energia e ainda não são capazes de compreender a importância de não interromper os pais no trabalho.

Antes de mais nada, mesmo que sua empresa permita, não pega bem que seus filhos apareçam diante das câmeras, além de ser uma exposição desnecessária a estranhos. Sim, sempre achamos nossos filhos fofos e encantadores, mas acredite: nem sempre é o que passa na mente de outras pessoas, e, se estiverem num momento importante de trabalho, isso pode atrapalhar muito a concentração de todos e o andamento das atividades. Quando uma exceção é aberta, todos se acham no direito de torná-la uma regra, e se todos os profissionais resolvessem mostrar seus filhos — a não ser que se tratasse de um evento propício para isso —, seria, no mínimo, contraproducente.

No caso dos bebês, de forma alguma você deve trabalhar com um deles no colo: não é bom para o bebê, nem para você, e muito menos para a empresa. Sua postura não estará adequada, você não terá liberdade para se movimentar, será menos produtivo e até poderá haver algum acidente com a criança, porque será impossível que se concentre o tempo todo em ambas as atividades.

A solução ideal, claro, seria considerar a ajuda de algum parente próximo para olhar a criança durante o período em que precisar se dedicar ao trabalho. Caso não se trate de uma opção viável para você, a contratação de uma babá ou cuidadora seria bastante útil e até educativa, já que, dependendo de sua formação, ela poderia ajudar com o acompanhamento escolar, mediar a convivência entre irmãos e dar atenção a todos quando você não puder. Existem agências sérias e qualificadas que podem facilmente suprir essa necessidade sem maiores preocupações.

Porém, como na vida nem sempre podemos nos valer da solução mais simples, se, em última hipótese, não houver outra pessoa com quem contar, providencie para o bebê um cercadinho de segurança, ou, caso ele ainda não ande, um carrinho, cadeirinha (atualmente existem modelos que balançam automaticamente), que você possa deixar próximo de si, para acomodá-lo, até os momentos em que possa ter aqueles intervalos para dedicar plena atenção a ele. "No caso das crianças menorzinhas, durante o trabalho, pede-se ajuda aos familiares ou é necessário mesmo ter sempre um chiqueirinho dentro de casa", comenta Jailson Souza da Fonseca, técnico de enfermagem da área de oncologia e pai de uma garotinha de 4 anos. Como sua esposa também trabalha no setor de saúde e ambos enfrentam jornadas irregulares, manter um sistema para partilhar as agendas é essencial: "No nosso caso, não trabalhamos em home office, mas é parecido: nós dividimos os cuidados com nossa filha. Por exemplo, eu cuido dela por 24 horas, e depois invertemos. Tem sido assim desde os 3 meses de idade dela".

No caso das crianças maiores, se não houver a possibilidade de elas realizarem outros compromissos fora de casa por algumas horas, ao menos durante parte da semana, procure mantê-las ocupadas com atividades que exijam atenção e criatividade por mais tempo, como pintar ou mesmo brincar com grande número de peças ou bonequinhos. "Com a criança é fundamental, além da atenção com a segurança, mesmo quando em home office, criar uma rotina, com horários específicos para os cuidados, como alimentação, sono, higiene oral e banho, e ter um tempo para o lazer: brincar com um joguinho, ver um filminho...", reforça Fonseca.

Essencialmente, o ideal para envolvê-las nas atividades é *conhecê-las bem* e refletir previamente sobre aquilo de que elas *realmente* gostam. Mesmo que se cansem em algum momento, demorará mais do que se você simplesmente deixar que decidam por si mesmas o que pretendem fazer. O incentivo e o estímulo são importantes para que elas se entretenham de fato. Planejar algumas opções de passatempos antes de a semana se iniciar, deixando à mão o que for necessário (como bloquinhos, lápis de cor, etc.), pode facilitar as coisas. E aproveite seus intervalos para providenciar lanche para vocês e verificar se há alguma outra demanda a ser resolvida antes de retornar ao trabalho. Com o tempo, a própria criança vai compreendendo os horários da rotina da casa.

Evidentemente você não terá o controle de tudo, mas poderá fazer o que estiver a seu alcance para que o mínimo de surpresas aconteça. Acima de tudo, não se cobre demais. E planeje ações facilitadoras para diminuir sua sobrecarga tão logo suas condições permitirem.

Paralelamente, tenha uma conversa clara sobre suas limitações com seu superior na empresa para a qual trabalha, mencionando as providências que está tomando para evitar que atrapalhem suas obrigações. Às vezes, a própria empresa pode oferecer algum tipo de suporte para facilitar sua rotina.

WONDER WOMAN

Ninguém deve se sobrecarregar a ponto de ficar doente ou de fato passar a não dar conta de realizar suas obrigações ou tarefas. Por isso mesmo a organização, sem dúvida, é ainda mais importante quando se trata de lidar com filhos pequenos e trabalho.

Formada em administração e responsável pelo gerenciamento de um escritório, esta mãe de uma filha de 1 ano e filho de 6, que passou a atuar em regime home office, fala sobre sua experiência: "No início não foi fácil aceitar e mostrar que, mesmo estando em casa, eu estava, sim, trabalhando. Ter que me desdobrar entre ser mãe, profissional e dona de casa ao mesmo tempo e no mesmo ambiente, sem um momento a sós para trabalhar, foi um desafio, mas acabou me mostrando que a disciplina, a rotina e a compreensão são fundamentais nesse momento".

Sem minorizar as dificuldades, ela divide conosco alguns de seus trunfos: "A solução que encontrei foi criar uma rotina e ter horários e prioridades específicos para a realização de cada tarefa individualmente. Eu passei a listar e organizar o dia de forma lúdica, fazendo com que eles participassem, entendessem o meu momento e a minha obrigação de trabalhar. Para isso, mostrei os equipamentos de trabalho, de modo que eles automaticamente entendessem que, quando estou usando um celular ou computador específico, estou trabalhando. Enfim, é criar tanto um ambiente de trabalho como de família, mudar hábitos e se adaptar a novos obstáculos. A menorzinha, por exemplo, já sabe quando estou trabalhando. Sabe que no celular do trabalho não pode mexer, e me acompanha na mesa. Ainda é pequena para não fazer nenhum barulho, mas, com o tempo, ela já vai incorporando a essência para ter mais rotina e disciplina".

SOMOS HUMANOS

EM GERAL, PESSOAS RESPONSÁVEIS SE COBRAM MUITO, E UMA DE SUAS MAIORES DIFICULDADES É LIDAR COM UMA MENTE IMBUÍDA DE CONSTANTE PRESSÃO. SABER LIDAR COM AS EMOÇÕES DIÁRIAS, PERSISTINDO NO FOCO EM SOLUÇÃO, SEM DÚVIDA CONTRIBUI PARA REDUZIR OS IMPACTOS NEGATIVOS QUE ISSO PODERIA OCASIONAR. NOSSA ENTREVISTADA TAMBÉM ADMITE VIVENCIAR TAIS EXPERIÊNCIAS: "O HOME OFFICE ME TROUXE A UMA REALIDADE MUITO COMPLEXA; É UM MISTO DE EMOÇÕES; AO MESMO TEMPO QUE ME SINTO PROFISSIONAL, ÀS VEZES TAMBÉM ME SINTO SOMENTE MÃE E DONA DE CASA. TENTO AO MÁXIMO ACEITAR QUE ESSA NOVA REALIDADE NÃO ME FAZ MENOS PROFISSIONAL DO QUE SE EU ESTIVESSE TRABALHANDO EM UM AMBIENTE CORPORATIVO".

SOLUÇÃO MILAGROSA

É CLARO QUE, QUE NA VIDA, NADA ESTÁ 100% NO NOSSO CONTROLE. O QUE PRECISAMOS TER EM MENTE É A CONSTANTE BUSCA POR OFERECER O MELHOR A NOSSO ALCANCE E PROCURAR LIDAR COM AS ADVERSIDADES DA FORMA MAIS LEVE E POSITIVA POSSÍVEL. NÃO HÁ SOLUÇÃO MILAGROSA, MAS O BOM RESULTADO DEPENDE, ENTRE OUTROS FATORES, DE COMO ADMINISTRAMOS NOSSO PRÓPRIO OLHAR PARA A SITUAÇÃO E OS BENEFÍCIOS QUE COLHEMOS A CADA ESCOLHA FEITA: "HÁ DIAS EM QUE NADA FUNCIONA, TUDO SAI DO CONTROLE E BATE, SIM, O DESESPERO. A SENSAÇÃO DE NÃO DAR CONTA É CONSTANTE, E DIARIAMENTE TENHO NOVOS DESAFIOS COM ESSE MÉTODO DE TRABALHO. PORÉM, O HOME OFFICE ME PROPORCIONA O MELHOR DA VIDA: PODER VIVER E ACOMPANHAR O DIA A DIA E O DESENVOLVIMENTO DOS MEUS FILHOS SEM TER QUE ABANDONAR A MINHA VIDA PROFISSIONAL", GARANTE A ADMINISTRADORA.

IDOSOS

Como muitos documentários sobre a vida gostam de lembrar, o homem é um dos poucos seres vivos que precisa de cuidados dos pais ou responsáveis até pelo menos cerca de 10 a 12 anos de idade para começar a ter autonomia emocional, mental e bom desenvolvimento físico. Assim, nada mais bonito na existência do que devolver um pouco do que recebemos a quem se dedicou a cuidar de nós quando em sua fase avançada da vida. Claro, não é o objetivo aqui julgar ou entrar no mérito da história de vida de cada um e de questões de relacionamento, mas apenas lembrar que há momentos em que nos depararemos com situações como essa, em que alguém precisará da nossa ajuda, seja um pai, sogro, tio, amigo. Às vezes, nem necessariamente um idoso; pode ser alguém que precise de cuidados médicos mais intensos por determinado período. E nessa hora, se estamos trabalhando em sistema home office, as coisas podem (ou não) ficar um tanto caóticas. Para evitar a primeira possibilidade, buscamos alternativas que podem ser de alguma valia para você.

Idosos costumam requerer uma atenção especial quando se está em home office, seja por necessidades de saúde, pela carência de contato ou por maiores riscos de cometer alguma gafe por causa de uma possível falta de atenção ou mesmo por não vivenciar tão proximamente a rotina aliada à tecnologia.

Aqueles com algum tipo de comprometimento físico ou mental, em especial, requerem uma atenção maior, com vigilância mais constante, além de acompanhamento de horários para aplicação de medicamentos. Se tiver a opção de contratar alguém que ajude você durante seu período de trabalho, certamente ficará mais fácil, pois isso retira uma carga de responsabilidade a mais para seu cérebro administrar.

Dependendo dos cuidados necessários e da quantidade de horas por dia, considerando que você ainda estará presente, é possível encontrar cuidadores atenciosos com um bom custo-benefício. Como ainda assim nem sempre essa possibilidade é acessível, no caso de você ser a única pessoa disponível a se responsabilizar, manter a pessoa próxima à sua vista enquanto trabalha talvez seja a melhor alternativa. Criar um pequeno cronograma com suas principais responsabilidades e/ou uma agenda com alertas sonoros para os horários das medicações pode ter muita utilidade. Michela Costa Ferreira, técnica de enfermagem da área clínica médica de geriatria, explica:

No caso do idoso, é importante a atenção com relação ao ambiente: mantê-lo iluminado, ter atenção no uso de tapetes para não tropeçar, instalar corrimãos em escadas, rampas e banheiro, manter um ambiente o mais amplo possível, sem nada em que ele possa bater a perna, para não se machucar. É preciso ter cuidados com higiene geral, incluindo a oral, e com a pele friável, ou seja, que pode se romper com maior facilidade e ocasionar machucados que às vezes são difíceis de sarar. Atualmente, o maior índice de acidentes, tanto com crianças como com idosos, é com relação à segurança na casa: chão molhado, iluminação inadequada, objetos deixados pelo caminho, etc.

Com relação à carência afetiva, além de ter essa proximidade física da vigilância para suporte e apoio, separar alguns minutos (de preferência após a correria do dia) para conversar, ouvir música ou simplesmente dar um abraço pode ser muito enriquecedor, afinal, a troca de experiências de vida entre gerações pode trazer muitas revelações, percepções e reflexões interessantes, além de quebrar a rotina da semana: "A saúde mental do idoso também requer cuidados: mantê-lo por perto com jogos, pinturas, filmes a gosto, incentivar um hobby, criar uma rotina saudável, incluir atividades para trabalhar sua autonomia no dia a dia. Isso ajuda você a observá-lo enquanto está trabalhando", complementa a especialista.

Quanto às eventuais gafes, especialmente dos mais animados ou de temperamento forte, que podem falar alto fora de hora, pedir sua atenção, ou interferir mais do que você gostaria na sua concentração, a primeira coisa a ser feita é ter a paciência de explicar (repetidas vezes, se for o caso) que precisa de ajuda, atenção e compreensão para poder realizar suas tarefas profissionais com maior concentração, ao menos durante aquele período específico.

Em paralelo, cabe perfeitamente justificar com antecipação a situação pela qual você deve passar ao seu superior direto, dizendo que está tomando as devidas providências para evitar quaisquer transtornos relacionados a seu desempenho e desculpando-se previamente por algum eventual deslize fora de seu controle. Em contrapartida, espera--se bom senso e compreensão da empresa, que deve não apenas validar como dar suporte para que você tenha condições de enfrentar esse período sem deixar de lado as habilidades e talentos que lhe oferece em troca da condição de poder cuidar melhor de si e dos demais ao seu redor, além de contribuir com o desenvolvimento social de todos. Se o imprevisto acontecer — lembre-se de que pode ocorrer com qualquer um –, você não deve deixar que abale seu foco, mas ter naturalidade e seguir perfeitamente com os compromissos seguintes.

Sem dúvida, não podemos nos esquecer de que esse tipo de situação tende a desencadear um período desafiador, no qual costumamos nos deixar um pouco de lado para nos dedicar a quem mais precisa de ajuda imediata. No entanto, muitas vezes os prazos previstos inicialmente se estendem, nosso desgaste físico e emocional aumenta, e, se não estivermos bem, teremos menores condições de ser úteis. Por isso, sempre que tiver oportunidade, cuidar também de si mesmo com alguma atividade física e mental simples de executar (dar uma pequena caminhada, ler um bom livro ou assistir a um programa de TV que lhe faça bem ou agregue conhecimentos de seu interesse) pode fazer toda a diferença para a sua saúde e seu bem-estar. Ferreira ressalta ainda um ponto importante nesse cenário:

> No caso de não conseguir contratar cuidadores, não se pode sobrecarregar só uma pessoa na atenção com o idoso, senão quem adoecerá será ela. É importante pedir ajuda aos familiares para poder ao menos no final de semana intercalar os cuidados, de modo que quem está à frente nos outros dias tenha um tempo para cuidar de sua própria saúde mental. A conversa com a família é muito importante nessa situação. Todo mundo precisa participar.

EVITANDO UM MAIOR DESGASTE

NÃO CUSTA LEMBRAR: QUANDO ENFRENTAMOS PERÍODOS MAIS ESTRESSANTES, OU FASES DE MAIOR SENSIBILIDADE EMOCIONAL, PODE SER CONVENIENTE SELECIONARMOS AS INFORMAÇÕES QUE DESEJAMOS ABSORVER PELA MÍDIA, ESPECIALMENTE QUANDO RETRATADAS EM ABORDAGENS COM APELO SENSACIONALISTA, PARA NÃO PROVOCAR UMA NEGATIVIDADE MUITAS VEZES GRATUITA, EM VEZ DE NOS MANTERMOS ABERTOS, PASSIVAMENTE, A TUDO O QUE CHEGA. BUSCAR AS NOTÍCIAS QUE DE FATO LHE INTERESSAM NA INTERNET, POR EXEMPLO, É MELHOR DO QUE ASSISTIR A ELAS NA TELEVISÃO, PORQUE É VOCÊ QUEM CONTROLA O CONTEÚDO.

EM SEU LIVRO *O MAIS COMPLETO GUIA SOBRE COMO LIDAR COM O ESTRESSE*, O PREMIADO AUTOR JEFF DAVIDSON CHAMA A ATENÇÃO PARA ESSE FATOR ESTRESSOR: "OS VEÍCULOS DE INFORMAÇÕES E NOTÍCIAS SÃO RESPONSÁVEIS POR MUITO DO ESTRESSE QUE VOCÊ SENTE HOJE. É QUE GRANDE PARTE DA MÍDIA [...] OFERECE UMA COBERTURA DESEQUILIBRADA DO ABSURDO, DO EMOCIONANTE E DO SENSACIONAL" (2001; P. 127, 142).

CONSULTAMOS A PSICÓLOGA RENATA SOARES TAMBÉM SOBRE ESSE ASSUNTO, E ELA ILUSTROU A SITUAÇÃO COM A EXPERIÊNCIA DA PANDEMIA DE COVID-19:

▷▷

No auge da pandemia, em um cenário em que a mídia explorava o número de mortos subindo não mais a cada dia, mas a cada momento, quem já sofria com algum tipo de ansiedade e depressão ficou pior, muitos que não tinham nenhum histórico acabaram adoecendo também, e até aqueles que haviam tido alta voltaram para a terapia. A minha orientação aos pacientes foi evitar assistir a noticiários ou se envolver em assuntos e conversas sobre pandemia, doença ou morte. Em vez disso, optar pela leitura de um livro, aproveitar a família em casa, curtir os filhos ou o parceiro, arrumar o armário, jogar um jogo de tabuleiro, fazer uma sessão de cinema em casa… Atividades como essas auxiliam porque tiram a pessoa do foco do problema. Há muitas coisas saudáveis que podem ser feitas; é uma escolha que se faz: olhar o lado ruim da situação ou olhar como uma oportunidade de se reinventar.

DEMAIS MORADORES

Lembre-se de que às vezes os adultos também podem ocasionar imprevistos, dos mais variados possíveis. Podemos citar o caso da esposa do comediante que passou sem roupas diante da câmera durante uma *live*, pensando estar fora do foco da câmera, ou da norte-americana que, ao realizar uma reportagem ao vivo com dicas sobre cortes de cabelos, não viu que o marido aparecia ao fundo tomando banho. São casos extremos e engraçados, que, no entanto, ilustram quão difícil é administrar não apenas nosso trabalho, mas o comportamento das demais pessoas ao nosso redor.

Em primeiro lugar, comunicação clara: é importante que todos os residentes saibam quando alguém está com a câmera ligada e por quanto tempo isso deve ocorrer. Mesmo que se trate de uma rotina diária (e talvez nesse caso seja ainda mais importante, já que com o tempo nos acostumamos com a tecnologia e deixamos de prestar atenção nela), não custa nada deixar de alguma forma claro quando se está on-line ao vivo: vocês podem inclusive combinar algum tipo de recado ou simbologia, como mural com horários, aviso de "ao vivo" em lousa, ou o simples posicionamento de um item vermelho sobre sua mesa nos momentos críticos. Em segundo lugar, se você tiver a opção de direcionar a câmera para uma parede atrás de si, na qual ninguém passe, a possibilidade de reduzir problemas e interrupções será infinitamente maior.

Embora nem sempre seja possível, algumas plataformas também permitem o uso do recurso tecnológico de desfocar ou alterar o plano de fundo da sua transmissão, de modo que as pessoas não identifiquem seu real plano de fundo, ou seja, onde você está. É uma boa opção se sua empresa permitir, mas evite imagens engraçadas ou com animações, que atrapalham e tiram o foco; quanto mais neutro, melhor. E não caia na armadilha de utilizá-lo como uma "muleta" apenas para se livrar da responsabilidade de cuidar do seu espaço: além de, como vimos, um ambiente limpo, organizado e agradável ser fundamental para o seu bem-estar e produtividade, devemos nos lembrar de que a tecnologia sempre está sujeita a problemas técnicos — mesmo que sejam raros, se um dia acontecer de seu plano de fundo falhar, você não terá tempo hábil para melhorar rapidamente o visual do — e a impressão causada por — seu ambiente de trabalho.

Independentemente da questão da câmera, você precisa de privacidade e tranquilidade para trabalhar, e é possível que em determinados momentos tenha hóspedes em casa, por exemplo. Ou que receba esporadicamente filhos de outro casamento do marido/da esposa. Caso tenham de dividir algum espaço, o importante é ter franqueza e explicar suas necessidades de trabalho — as "regras" da casa, por assim dizer (mas de preferência não com essas palavras, que podem soar autoritárias sem necessidade; você só precisa de um pouco de colaboração e respeito).

Basicamente deve explicar os horários em que poderá estar disponível, quando precisará de silêncio, etc. Se tiver essa possibilidade, fazer um pequeno planejamento com opções de horários livres nos quais você poderá se dedicar aos visitantes, seria o ideal, especialmente se forem turistas que você acompanhará a alguns passeios, por exemplo. Mas, dentro de casa, quanto mais autonomia eles tiverem durante o período em que você estiver trabalhando, mais fácil será para você. Por isso, deixar roupa de cama, banho e outros utensílios já separados, por exemplo, pode ajudar bastante, assim como explicar onde ficam os mantimentos, como lidar com os utensílios e a louça na cozinha, e assim por diante.

ANIMAIS DE ESTIMAÇÃO

É unânime entre os especialistas em etiqueta profissional: animais de estimação não devem dividir a atenção com o trabalho — nem mesmo para mostrá-los "rapidinho" aos colegas: por mais "fofo" que possa parecer a alguns, além de esse tipo de ação normalmente ser interpretado como não profissional, toma tempo precioso de reuniões e conversas importantes.

Nada contra, porém, fazer isso *fora do horário de trabalho*, se você tiver intimidade com os colegas e afinidade nesse quesito. Vocês podem até trocar informações, fotos, criar grupos ou atividades relacionadas: tudo é permitido, desde que no espaço e tempo adequados para isso.

→ CÃES

Outra informação importante para aqueles que acostumaram os pets a ficar próximos durante o horário de trabalho: dependendo de como seu bichinho foi criado, se você vier a trabalhar em algum momento fora de casa, pode ser que ele fique angustiado, estressado ou até doente. "Essa angústia não ocorrerá em qualquer cão que tenha um contato maior com seu tutor por causa do regime em home office", explica o adestrador de cães Edison Lopes. "Esse excesso de dependência pode ter como alvo cães que não possuem hábitos saudáveis ou que tenham sido adotados por pessoas que não fizeram um planejamento para a vida do bichinho".

Conhecida como síndrome de ansiedade por separação (SAS) e apelidada por Lopes de maneira mais direta como excesso de *dependência*, esse problema é mais comum do que parece, e, segundo o adestrador, é causado principalmente pela falta de rotina e de limites na vida do cão:

> QUANDO VOCÊ ADOTA OU ADQUIRE UM CÃOZINHO, DEVE PENSAR NA SUA ROTINA E NA DELE, INCLUINDO HORÁRIOS PARA ALIMENTAÇÃO, PASSEIOS REGULARES, ADEQUAÇÃO DO AMBIENTE E REPOUSO. O CÃO QUE FICOU EXCESSIVAMENTE DEPENDENTE DE SEU TUTOR TEVE SUA ROTINA ALTERADA PELA PRESENÇA HUMANA CONSTANTE, DURANTE GRANDE PERÍODO DE TEMPO, E TENDO CONTATO FÍSICO COMO ==REGRA==. O QUE MAIS IMPORTA AOS CÃES É ATENÇÃO E SEGURANÇA. SE ACABAM SE APOIANDO NO TUTOR, ACHAM QUE SEU MUNDO VAI ACABAR QUANDO ELE NÃO ESTÁ PRESENTE.

Se o seu pet foi acostumado a uma rotina com noções de disciplina e horários, não há muito com que se preocupar. Segundo o especialista, ele deve ser pouco afetado pela presença constante que o home office oferece: "Ele pode até se habituar a isso e estranhar novamente quando seu dono voltar a se ausentar, mas não seria nada traumático". Já no caso de cães mais vulneráveis, como os adotados, os muito jovens ou, como vimos, os dependentes do tutor, o cenário pode ser outro.

O que fazer, então, para resolver o problema? Se o hábito já existe há um bom tempo, certamente não será razoável esperar uma solução do dia para a noite:

> ISSO DEMANDA MUITO TEMPO E PACIÊNCIA. "ESTRAGAR", DAR UM MAU HÁBITO PARA O CÃO, É FÁCIL; ELIMINAR UM MAU HÁBITO É MUITO COMPLICADO. OS CÃES NÃO TÊM A CAPACIDADE DE DISCUTIR A RELAÇÃO. NÃO ADIANTA DIZER: "PRECISO TRABALHAR, ENTÃO FIQUE EM CASA, BONITINHO, QUE NA VOLTA EU TRAGO UM OSSINHO". ELE NÃO ENTENDE; SÓ SE SENTE ABANDONADO. VOCÊ PRECISA EXPLICAR A SITUAÇÃO PARA ELE COM AÇÕES, E NÃO COM PALAVRAS.

O adestrador adotou para seus próprios cães algumas regras que podem ser de grande utilidade como referência. Uma delas foi, desde cedo, estabelecer horário regular para comer e para as atividades, incluindo um passeio pela manhã e outro à tarde; a outra foi manter distância durante o horário de trabalho:

> QUANDO ELES ERAM MAIS JOVENZINHOS, PARA QUE ENTENDESSEM ESSA REGRA, ESTABELECI QUE, ONDE QUER QUE EU ESTIVESSE COM O COMPUTADOR, ELES NÃO PODERIAM ESTAR PRESENTES: TERIAM QUE IR PARA OUTRO CÔMODO. HOJE EM DIA ELES JÁ PODEM ATÉ FICAR PERTO DE MIM, MAS NÃO PODEM TER CONTATO FÍSICO COMIGO ENQUANTO ESTOU TRABALHANDO EM CASA.

Assim, o ideal é desde já fazer (se necessário, aos poucos) a separação adequada tanto do tempo como dos espaços dedicados a eles, de modo a manter a autonomia e o equilíbrio emocional de todos: "Aproveite aquela pausa de quinze minutos do café para fazer contato com o cão. Depois disso volte, e não permita que ele siga você: deve permanecer onde está. Com o tempo, não será necessário fechar portas. Você simplesmente dirá: 'Vá deitar, vá pra lá', e ele obedecerá".

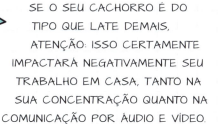

SE O SEU CACHORRO É DO TIPO QUE LATE DEMAIS, ATENÇÃO: ISSO CERTAMENTE IMPACTARÁ NEGATIVAMENTE SEU TRABALHO EM CASA, TANTO NA SUA CONCENTRAÇÃO QUANTO NA COMUNICAÇÃO POR ÁUDIO E VÍDEO. EMBORA SEJA NATURAL E INSTINTIVO PARA O CÃO LATIR PARA PROTEGER O PERÍMETRO ONDE VIVE, ALERTANDO SEU TUTOR EM OCASIÕES QUE ELE CONSIDERE UMA AMEAÇA — COMO O SOM DE UMA OBRA NO APARTAMENTO VIZINHO, OU A APROXIMAÇÃO DE ALGUÉM EM SUA PORTA —, ALGUNS EXCESSOS PODEM SER CORRIGIDOS. SEGUNDO LOPES, OS LATIDOS SÃO O RESULTADO DA TOLERÂNCIA DA PESSOA QUE VIVE COM O CACHORRO. SE ELA SOUBER CORRIGI-LO E NÃO FOR TOLERANTE COM O LATIDO, ESTABELECENDO QUAL TIPO DE BARULHO SERVE DE ALERTA E QUAL O CÃO DEVE CONSIDERAR NORMAL, O PET OBEDECERÁ, REDUZINDO SIGNIFICATIVAMENTE A QUANTIDADE DE LATIDOS.

→ **GATOS**

Embora sejam mais conhecidos por sua costumeira independência e autonomia, os gatos também precisam de certos cuidados especiais quando seus donos trabalham em sistema home office ou híbrido: "Eles não chegam a ter o mesmo nível de problema com relação à presença ou à ausência dos tutores, mas é claro que também são afetados", explica Lopes.

Para entender melhor o mundo dos felinos, consultamos também a *pet sitter* Cilene Bolzachini, especialista em gatos. Ela explicou que rotinas definidas e enriquecimento ambiental são fundamentais para o bem-estar dos bichanos. Essa combinação mágica proporciona a eles redução do estresse, de comportamentos indesejados e de doenças, além de melhorar o relacionamento com o tutor.

O enriquecimento ambiental, especificamente, contribui para evitar a ociosidade, que não é uma característica natural dos gatos, e pode ser desenvolvido a partir da inserção de espaços aéreos, nichos e tocas. Arranhadores, caixas de papelão, caminhas, varinhas e bolinhas para brincar também são bastante úteis. "Até mesmo brinquedos simples que o próprio tutor pode criar", sugere a *pet sitter*.

Ter um espaço próprio, para descansar ou se afastar de algo de que não gostam, é outra necessidade importante do felino. Segundo Bolzachini, os gatos valorizam sua privacidade, mas não são solitários, e apreciam a companhia do ser humano: "Alguns mais que outros, e é nesse momento que entra o respeito pelo jeito de ser de cada gatinho". Ela ressalta a importância de haver contato com o ser humano desde filhote, mas lembra que é o próprio gato que demonstra o nível de interação de que gosta.

Mesmo vivendo em um apartamento, não há problema no fato de o gato permanecer sempre em casa, desde que ele tenha acesso a áreas teladas, como janelas, sacada ou quintal sem acesso à rua. Entretanto, é possível acostumá-lo, aos poucos, a passear em guia e coleira. Qualquer tipo de atividade ajuda a reduzir um possível estresse.

Apesar de todos esses cuidados, pode acontecer de o gato querer subir no colo do tutor — ou pior, no teclado de seu notebook — exatamente durante o horário de trabalho. Nesses casos, a *pet sitter* orienta pegar o animalzinho e colocá-lo no chão de forma natural, sem repreendê-lo: aos poucos, ele perderá o estímulo de subir. É preciso, porém, ter consistência nas ações: "Não podemos permitir que ele suba em determinado momento, e em outro, não; o gato não entenderá a mensagem".

Outra sugestão interessante é deixar uma caixa de papelão no chão a uma pequena distância da mesa de trabalho: isso permitirá que ele fique por perto, mas entretido, e, portanto, sem atrapalhar nem próximo demais.

SE NADA DISSO ESTIVER FUNCIONANDO

Não precisamos de grandes estudos científicos para saber que dividir um pequeno espaço de trabalho com crianças, idosos, animais e outras responsabilidades diversas pode simplesmente não funcionar no longo prazo, tornando-se um fator de sobrecarga inevitável. Assim, não deixe de considerar a possibilidade de "se isolar" por algum tempo se essa for a única solução possível. Considere manter um escritório fora de casa (mas perto dela) por algumas horas, em um cômodo desocupado na casa de algum parente ou amigo, ou mesmo alugando salas especializadas para isso, o que é bastante comum atualmente.

Embora essa ideia se distancie em parte do conceito de home office (mas não do trabalho a distância), há casos específicos em que essa pode, sim, ser a melhor alternativa. Portanto, não hesite em avaliar tal possibilidade com a empresa para a qual trabalha. Dependendo da situação, vocês podem chegar à viabilização de uma solução interessante, ao menos até você conseguir providenciar um local adequado para o trabalho em sua própria casa (ou uma nova casa que comporte seu mais recente estilo de vida).

UMA ALTERNATIVA INTERESSANTE

UMA PROFISSIONAL POR NÓS ENTREVISTADA RELATOU UMA EXPERIÊNCIA INTERESSANTE DE SER COMPARTILHADA: POR TRABALHAR NA ÁREA ACADÊMICA E ESTAR EM PROCESSO DE REDAÇÃO DE TESE DE DOUTORADO, ELA OPTOU POR FAZER UM GIRO PELO BRASIL JUSTAMENTE DURANTE A CRISE DA PANDEMIA.

EM UM PRIMEIRO MOMENTO PODE PARECER ASSUSTADOR, MAS O FATO É QUE, JUSTAMENTE POR NÃO HAVER PESSOAS CIRCULANDO, E COM OS DEVIDOS CUIDADOS, ELA PÔDE SE INSTALAR CONFORTAVELMENTE EM HOTÉIS E SE CONECTAR COM A NATUREZA, O QUE, AO MESMO TEMPO, ALIVIAVA SEU ESTRESSE PELA SITUAÇÃO QUE O MUNDO VIVIA E A AJUDAVA A COMPLETAR SUA PESQUISA DE CAMPO.

MUDAR DE AMBIENTE PARA TRABALHAR, FICAR ISOLADA E MANTER CONTATO COM O AMBIENTE NATURAL AUMENTOU SUA PRODUTIVIDADE, E ELA NOTOU QUE POR ONDE PASSAVA O SETOR HOTELEIRO, QUE ESTAVA EM CRISE, COMEÇOU A VER UMA OPORTUNIDADE NO NICHO DE TRABALHO A DISTÂNCIA: "NOS PRIMEIROS HOTÉIS AONDE CHEGUEI, AS PESSOAS NÃO ESTAVAM MUITO PREPARADAS PARA RECEBER VIAJANTES EM TRABALHO NO SISTEMA HOME OFFICE. ERA SEMPRE UMA NOVIDADE, ESTRANHAVAM O FATO DE EU NÃO ESTAR DE FÉRIAS. ÀS VEZES HAVIA UMA REFORMA com barulho muito incômodo e eu precisava pedir um minutinho para conseguir finalizar uma aula ou uma reunião. Mas, à medida que o tempo foi passando, percebi que começaram a se preparar. Por exemplo, em uma das pousadinhas, além da mesa, para que eu pudesse estudar, a dona colocou uma sanduicheira e uma chaleira. Essas coisas foram sendo desenvolvidas e pensadas para atender a pessoa que, apesar de 'turistar', passava a maior parte do tempo dentro do quarto estudando ou trabalhando".

Se você faz parte do perfil daqueles que fogem da rotina e não precisa dispor de muito material, ou está precisando de uma renovação de ares temporária, mas as férias estão longe, pode considerar a possibilidade de trabalhar em diferentes espaços por determinado período — um ano sabático ou alguns dias fora de casa, segundo suas necessidades. E nem precisa ir muito longe: em alguns momentos, trabalhar num clube, praça ou café, em vez de atrapalhar, pode estimular sua criatividade e disposição, desde que seu tipo de trabalho se enquadre nessas circunstâncias.

≋ IMPREVISTOS ≋

Acima de tudo, não devemos nos cobrar perfeição. Sabemos que os imprevistos *acontecerão* — não apenas com você, mas com seu colega, com seu chefe, com o dono da empresa. O importante é nos lembrarmos de que não temos o controle de tudo e que cabe a nós apenas fazer o que está a nosso alcance.

COMPUTADOR

A principal ferramenta de trabalho exige atenção máxima e prioritária. Você precisa de um instrumento de qualidade, cuja configuração seja compatível com os tipos de arquivos e programas com os quais precisa lidar. Uma pessoa que trabalha apenas com texto precisa, basicamente, de muito menos recursos do que aquela que trabalha com imagens ou vídeos, por exemplo. Alguns softwares essenciais na organização para a qual você trabalha podem exigir de sua máquina uma capacidade maior do que você imagina, por vezes acarretando travamentos de tempos em tempos — no setor público isso é mais comum. Eventualmente, você pode perceber que o tamanho da tela ou o formato do teclado do notebook na sua casa são menos funcionais que os recursos do aparelho que utilizava dentro da companhia. Tudo isso precisa ser avaliado e o investimento acordado entre você e a empresa.

Lembre-se de fazer backup dos documentos importantes regularmente. Quanto menos programas e arquivos pesados mantiver no seu computador, melhor ele trabalhará. O técnico sênior em tecnologia da informação Rodrigo Marques recomenda que, sempre que possível, eles sejam salvos em HDs ou outros recursos externos: isso garantirá acesso fácil aos arquivos quando a internet não estiver disponível.

Ter mais de um local para backup é importante, para assegurar que a cópia também não seja perdida: "Hoje em dia usa-se bastante o serviço de *cloud*, ou nuvem, como o OneDrive, o Google Drive e o SkyDrive: são aplicativos on-line que fazem a ponte com um servidor de dados específico para armazenamento de arquivos, fotos, músicas, etc.". Ao combinar o serviço de *cloud* com o HD externo, a cobertura do backup se amplifica, garantindo mais segurança.

De tempos em tempos, não se esqueça de realizar também uma limpeza dos arquivos, eliminando o que não tem mais utilidade, e sua organização em pastas adequadas. Se for complicado obter tempo livre para executar essa tarefa, considere a possibilidade de contratar um *personal organizer* (ou organizador profissional) para ajudar.

O mesmo vale para e-mails, caso você utilize algum gerenciador. Quem possui assistente ou secretário deve inserir essa função entre as tarefas cotidianas, pois, do contrário, correrá o risco de se dar conta dessa necessidade apenas quando a situação já estiver insustentável.

→ *VÍRUS*

Atualmente os sistemas operacionais presentes no mercado já possuem antivírus legal e sem custo. No entanto, para seu pleno funcionamento, a base de dados precisa estar atualizada. Assim, lembre-se de efetuar a verificação pelo menos uma vez a cada três dias (no sistema Windows, você deve entrar em *Segurança do Windows* e depois em *Proteção contra vírus e ameaças* e conferir se está tudo atualizado). "Por padrão do sistema, isso é feito de maneira automática, mas, com o tempo e a instalação de novos programas, a configuração acaba se perdendo, por isso não custa nada dar uma atenção às atualizações", explica o técnico.

Essa prevenção costuma impedir ataques de vírus (software nocivo que se espalha na rede, causando problemas nos equipamentos), trojans (também conhecidos como cavalos de troia, podem ser utilizados para roubar dados e senhas) ou spywares (programas de infiltração que roubam informações pessoais ou confidenciais, como dados bancários).

Já quem trabalha no sistema da Apple dificilmente terá de se preocupar com isso: os equipamentos dessa marca não costumam ser invadidos por causa da eficiência de seu sistema automático.

→ LIMPEZA DO EQUIPAMENTO

Para limpeza do teclado e do mouse, é recomendado o uso de álcool isopropílico, e, no caso da tela, existem produtos específicos para auxiliar na limpeza e manutenção. O pano de microfibra é o mais indicado, para não riscar o equipamento.

As teclas do teclado devem ser higienizadas com pincel e auxílio de um soprador ou aspirador pequeno. É fácil encontrar esses produtos com entrega gratuita em pesquisas na internet.

→ DESEMPENHO DO EQUIPAMENTO

Se você trabalha com HD, ou disco rígido, é interessante utilizar o desfragmentador de disco esporadicamente para melhorar a performance da máquina. Ainda assim, é comum ela ficar mais lenta com o tempo, especialmente na inicialização. Caso isso esteja incomodando você, recomenda-se a substituição do HD pelo SSD, ou unidade de estado sólido, uma opção mais moderna que não depende de manutenção.

REDE

Simplesmente não podemos nos dar ao luxo de ficar à mercê das instabilidades de uma operadora de internet. Fazendo o melhor possível já é difícil, portanto, economizar nesse item não é opção: faça o melhor plano que puder. E cobre qualidade.

Independentemente disso, é sempre bom reiniciar o modem e até o computador ou celular antes de fazer uma chamada por vídeo importante ou uma *live* — "zerar" a memória do aparelho o deixa mais leve.

Evite fazer download ou upload quando estiver prestes a entrar em uma *live* ou videoconferência, e mantenha sempre seus aplicativos atualizados e originais.

Alguns sites medem a velocidade da sua conexão com a internet. Esse serviço é gratuito. É o caso, por exemplo, do site *Speedtest* (https://www.speedtest.net/pt). Se ela estiver baixa, entre em contato com o suporte da sua operadora para a realização do reparo. Em geral, eles fazem um ajuste imediato e já resolvem o problema.

Ter o contato de um bom técnico (especialmente de um que faça acesso remoto) também é de enorme utilidade, tanto para a rede como para a própria manutenção dos aparelhos.

Impressora

Se você precisa imprimir arquivos com frequência, deve se atentar quanto à reposição de tintas (consulte dicas no subtópico "Materiais") e papéis para impressão e à manutenção do aparelho. É importante guardar o CD original de instalação, pois muitos dos erros são resolvidos com sua reinstalação (isso também pode ser feito on-line, mas em alguns casos é um pouco mais trabalhoso). Cuidado para não desativar o wi-fi por engano no teclado do seu computador ou notebook: é um pequeno deslize que pode desabilitar a impressão remota sem você perceber. Em geral, ele possui o símbolo-padrão de wireless, como este:

Figura 5 – A tecnologia wireless (de conexão sem fio) costuma ser representada por um ícone igual a este ou parecido com ele

Marques recomenda outro procedimento fácil que evita uma possível dor de cabeça: ao trocar o cartucho de tinta da impressora, lembre-se de sempre fazer o alinhamento e a limpeza do cabeçote de impressão. Essa tarefa leva menos de dez minutos, e ajuda o equipamento a funcionar melhor, imprimindo com traços mais nítidos e sem falhas.

QUEDA DE ENERGIA ELÉTRICA

Não tem jeito: aqui no Brasil, em qualquer região, ainda estamos sujeitos a incidentes como as famosas quedas de energia elétrica. E, quando estamos trabalhando, as preocupações aumentam consideravelmente, já que criam aquele efeito dominó cumulativo de pendências, e nos vemos incomunicáveis de repente.

Tendo isso em vista, em primeiro lugar precisamos nos antecipar e garantir que, quando isso acontecer, teremos alguns recursos previamente facilitados para lidar com a situação. Boas lanternas ou lamparinas a bateria à mão, o hábito de salvar constantemente as informações digitais e manter seu backup em dia, cuidado em retirar as tomadas dos equipamentos em dias de chuva com trovoadas — ou, melhor, uso de estabilizadores de energia sempre que possível –, carregadores ou baterias extras prontos para uso de reserva, especialmente nas estações chuvosas, e o uso regular de cadernos e agendas físicos para backup e planejamento são grandes aliados para quem é bem prevenido, reduzindo o impacto das eventualidades em sua rotina.

A CASA

Um dos desafios mais difíceis de superar quando se trabalha em casa é a atenção que a casa em si demanda. Se você sai para trabalhar e só volta na hora de dormir, nem pensa nisso na maior parte do tempo. Mas, a partir do momento que inicia as atividades profissionais em casa, basta passar pela cozinha na hora do intervalo para pensar na louça para lavar, na roupa para secar, no pó que vem se acumulando, e assim por diante. Como se costuma dizer, a casa por si só já gera um trabalho sem fim. Por isso, vale a pena seguir alguns cuidados para ajudar a disciplinar nossa atenção para as coisas certas nas horas certas.

Uma delas é pensar em tudo de que você precisa durante o período em que está trabalhando e manter esses itens perto de si: o café, o biscoito, a barrinha de cereal, a medicação, os livros e documentos que consultará, etc. Quanto menos precisar deixar o espaço de trabalho, melhor para seu foco não dispersar. Se interrompemos um raciocínio ou leitura com frequência, retomá-lo a todo momento nos faz voltar atrás várias vezes, o que nos torna pouco eficientes, e a mudança de espaço só agrava esse problema.

Outro ponto considerado vilão nesse aspecto são as redes sociais. O melhor dos mundos é você desativar suas notificações (com exceção das profissionais, se for o caso) durante o trabalho e reativá-las apenas nos intervalos — aliás, um ótimo momento para socializar, diminuindo a sensação de isolamento e permitindo ao cérebro descansar para retornar mais vigoroso para as tarefas — ou mesmo após o expediente.

O planejamento, como veremos, é essencial nesse aspecto, assim como um mínimo de disciplina: com pequenas ações, a diminuição das preocupações, do estresse e da sobrecarga torna-se nítida. A separação clara entre as atividades domésticas e as profissionais reflete-se como um tipo de organização mental, que permite muito mais leveza no seu dia a dia.

SONECA RESTAURADORA

VOCÊ JÁ TEVE BOAS IDEIAS ASSIM QUE ACORDOU, OU DURANTE O BANHO? EM MOMENTOS NOS QUAIS NOSSA MENTE É OBRIGADA A PARAR UM POUCO DE PENSAR, NOSSO LADO CRIATIVO FICA MAIS APURADO.

SE A SUA PROFISSÃO ENVOLVE CRIATIVIDADE, SEU TRABALHO É FLEXÍVEL, VOCÊ É AUTÔNOMO, OU TRABALHA EM SISTEMA HOME OFFICE COM PELO MENOS UMA HORA RESPEITADA DE ALMOÇO, SAIBA QUE UM COCHILO DE VINTE MINUTOS APÓS A REFEIÇÃO PODE AJUDAR NO SEU DESEMPENHO. É O QUE AFIRMA UM ARTIGO MÉDICO DA *HEALTHLINE*, PUBLICAÇÃO DO CONSIDERADO MAIOR GRUPO DE MÍDIA ESPECIALIZADA EM SAÚDE NOS ESTADOS UNIDOS EM 2020: "NA REALIDADE, OS COCHILOS OFERECEM UMA VASTA GAMA DE BENEFÍCIOS PARA A SAÚDE, DESDE AJUDAR A ALIVIAR O ESTRESSE ATÉ O AUMENTO DA CAPACIDADE DE ALERTA" (SHORTSLEEVE, 2020).

COMUM NAS CULTURAS ESPANHOLA, PORTUGUESA E ITALIANA, O HÁBITO TEM SIDO INCORPORADO POR MUITAS GRANDES EMPRESAS, CIENTES DE SEUS BENEFÍCIOS.

PARA QUE A SESTA (OU *POWER NAP*) SEJA EFICAZ, TENHA APENAS O CUIDADO DE COLOCAR UM ALARME E NÃO ULTRAPASSAR TRINTA MINUTOS, PARA NÃO ENTRAR EM SONO MAIS PROFUNDO (REM), SENÃO O EFEITO PODE SER CONTRÁRIO!

Agora que já procuramos nos prevenir quanto aos possíveis imprevistos do nosso entorno, trataremos mais propriamente de nossa relação com a empresa no trabalho em casa.

PARTE 4

Seu trabalho

POSTURA PROFISSIONAL

Às vezes, levamos uma vida para compreender todos os pormenores que implicam uma etiqueta básica no cotidiano profissional. Em todos os níveis hierárquicos, sempre existe a possibilidade de que alguém dê um fora ou se comporte mal — afinal, passamos muito tempo juntos, ganhamos intimidade e acabamos por baixar a guarda.

No sistema em home office, o risco de haver comportamentos comprometedores cresce ainda mais, e, ao mesmo tempo, a avaliação dos funcionários pela empresa aumenta: a relação a distância, especialmente via câmera, pode ser equiparada à colocação de uma lupa naquilo que você é e faz — basta lembrarmos que o impacto de nos apresentarmos somente em uma imagem na tela é diferente daquele no ambiente de trabalho presencial, no qual a atenção do nosso interlocutor se divide entre as demais atividades do entorno.

Em resumo, no ambiente virtual você estará mais em destaque, precisará apresentar resultados mais concretos e defender melhor sua posição. Seu desempenho profissional depende de seu esforço, experiência e capacitação, o que certamente você dominará; quanto ao domínio dos fatores externos, que pode ajudá-lo a se diferenciar no meio profissional, apresentaremos a seguir algumas orientações voltadas para a etiqueta no home office.

As teleconferências são o momento mais importante em relação à postura profissional, independentemente de envolverem clientes, chefes, subordinados ou pares. Equivalem a reuniões presenciais, nas quais normalmente são necessários preparo, planejamento e concentração maiores do que nas demais atividades rotineiras.

A cultura brasileira muitas vezes considera, de forma errônea, mais importante o evento de uma reunião do que o tema a ser de fato discutido nela. Para não incidir nesse erro, antes de agendar uma conferência, avalie se é realmente importante realizá-la ou se o assunto a ser tratado pode ser resolvido mais agilmente via e-mail ou por uma troca de mensagens de áudio (quando for necessário explicar algo mais direta ou detalhadamente).

Quando a reunião é seguramente essencial, seu planejamento envolve, em primeiro lugar, a pauta ou assunto a ser discutido, para que ela seja produtiva, objetiva e focada. Ninguém tem tempo a perder, e na tela é bem mais difícil manter a concentração por muito tempo. Assim, caso o encontro dependa de você, ao determinar essa pauta, informe os demais envolvidos e peça que preparem de antemão os dados e as colocações relevantes a serem apresentados no momento da conferência.

Ao iniciar a reunião, os cumprimentos devem ser feitos de maneira geral (e não um a um), as câmeras devem permanecer abertas e os microfones, desligados. Somente quem estiver conduzindo a reunião deve manter o microfone aberto, e cada um durante sua vez de falar. Isso impedirá interferências de ruídos técnicos que podem atrapalhar a audição dos demais envolvidos, assim como barulhos domésticos ou vindos da rua. Já o uso da câmera aberta, além de tornar o encontro mais humanizado, em vez de as pessoas se dirigirem a telas pretas durante as conversas, permitirá identificar as expressões e a linguagem corporal (mesmo que limitada) de todos os envolvidos, facilitando a comunicação. Paralelamente, como alertamos, esse é um importante momento de avaliação: desligar a câmera pode dar a impressão de desinteresse, falta de preparo, preguiça ou até mesmo ausência.

É importante ainda que o condutor da reunião não se estenda por muitos minutos sem interrupção: deve sempre fazer algumas pausas, observando se outras pessoas pretendem falar e dando a oportunidade de exporem suas ideias.

Por fim, o fundamental: reuniões precisam ser objetivas e eficientes. Ninguém que fique oito, dez horas no computador assistindo a uma reunião é capaz de manter o foco ou se concentrar, principalmente diante de uma tela. Isso é totalmente contraproducente — e talvez a pior coisa que se possa fazer no sistema em home office.

UM CASE DE SUCESSO

↓ ↓ ↓

MUDANDO DE EMPRESA E DE CASA NO MEIO DA PANDEMIA, UMA DIRETORA JURÍDICA REVELOU AINDA TER TIDO O DESAFIO DE CHEGAR AO NOVO POSTO SEM O APOIO DE SEU CONTRATANTE — O VICE-PRESIDENTE DA EMPRESA, QUE ENTÃO ESTAVA INTERNADO EM ESTADO GRAVE POR COVID-19 — E SEM PODER VER PRESENCIALMENTE NINGUÉM DE SUA EQUIPE DE QUASE VINTE PESSOAS. COMO RESOLVEU A SITUAÇÃO? ELA MESMA RELATA: "EM UMA SITUAÇÃO NORMAL, FARÍAMOS UMA REUNIÃO DE APRESENTAÇÃO *FACE TO FACE*, QUE É MAIS ACONCHEGANTE. A DISTÂNCIA, MESMO CONTANDO COM O RECURSO DO VÍDEO, QUE AJUDA E TORNA TUDO MUITO PRÁTICO, É MAIS FRIO. ATÉ AS PERCEPÇÕES DAS PESSOAS SÃO DIFERENTES: DAS EMOÇÕES, DA FALA, DO TOM DE VOZ, DE TUDO… POR EXEMPLO, VOCÊ PODE ME VER NO VÍDEO E ACHAR QUE ESTOU COM UMA CARA ÓTIMA, MAS DO OUTRO LADO EU POSSO ESTAR PÉSSIMA, E SE VOCÊ VISSE AO VIVO SERIA DIFERENTE. ENTÃO, PARA TENTAR QUEBRAR ESSE GELO E ME APRESENTAR DE UMA FORMA MAIS PRÓXIMA, EU ACABEI FAZENDO UM *CALL* COM CADA UM DA EQUIPE E DE OUTROS DEPARTAMENTOS. POR UM LADO, FOI BEM EXAUSTIVO, PORQUE PRECISEI REPETIR A MESMA HISTÓRIA MUITAS VEZES, MAS TAMBÉM FOI UM DIFERENCIAL, PORQUE TODO MUNDO SE SENTIU VALORIZADO. SE FIZÉSSEMOS UM ÚNICO *CALL* COM VINTE PESSOAS CONTANDO SUA HISTÓRIA, QUEM NÃO ESTIVESSE FALANDO FICARIA CANSADO, E A APRESENTAÇÃO LEVARIA MUITO TEMPO, COMPROMETENDO TAMBÉM O RITMO DE TODOS. COM BASE NISSO FUI TOCANDO O DIA A DIA, PROCURANDO MANTER REUNIÕES FIXAS SEMANAIS COM CADA LÍDER PARA ME ATUALIZAR, E IMPLANTEI TAMBÉM UM HAPPY HOUR VIRTUAL A CADA TRIMESTRE, PARA FALAR COISAS QUE NÃO SÃO DE TRABALHO".

Depois de passar o ano inteiro tendo algum contato pessoal rápido com somente quatro ou cinco pessoas, ela finalmente teve a oportunidade de conhecer todos presencialmente, em uma festa de encerramento do ano: "Foi muito engraçado, porque alguns me reconheciam do vídeo e me davam aquele abraço, parecendo que me conheciam havia anos, mas que também fazia anos que não me viam. E no vídeo temos a impressão de que a pessoa é grande, mas ao vivo de repente ela é baixinha ou mais careca e não a reconhecemos. Eu dei várias gafes nesse sentido, porque parece que não muda muito, mas muda: a altura, a largura, tudo; é muito diferente".

Para ela, que viveu experiências de trabalho em sistema presencial, home office e híbrido, não há dúvidas quanto à melhor opção: "O home office permite uma maior flexibilidade de horário, porque cada funcionário é cobrado por sua entrega: pode ficar até dez horas da noite, se precisar, mas também pode começar e terminar mais cedo. Por outro lado, esse sistema 'suga' mais as pessoas: elas acabam trabalhando por muito mais tempo do que no escritório. Por mais que tentemos fazer, por exemplo, uma hora de almoço, normalmente não conseguimos: vamos lendo o jornal, vendo as mensagens, respondendo... ou às vezes fazemos dez minutos e já voltamos a trabalhar. Por isso, acho que o híbrido para sempre vai funcionar. Acho saudável, porque é importante manter o contato entre as pessoas, mas também ter a flexibilidade de, quando estiver de mau humor, triste, ou tiver brigado com o namorado, chorando a noite inteira, não querer ir trabalhar fisicamente e poder trocar com outra pessoa. A gente já viu que as pessoas conseguem produzir tanto quanto ou, às vezes, dependendo da maturidade, até mais em casa. Mas o importante realmente é achar esse equilíbrio".

LINGUAGEM CORPORAL

Quando precisamos estabelecer contato com alguém, estamos habituados a imediatamente associar essa ação à comunicação oral ou escrita (fala ou texto). Antes de desenvolvermos a linguagem por meio de palavras, porém, nossos ancestrais já se expressavam por gestos, expressões faciais e movimentos.

Embora estejamos sempre inconscientemente envolvidos na análise da linguagem não verbal (nossa e dos outros), deixamos de lhe dar a devida importância, como bem nos lembra o trecho do clássico O corpo fala: "O homem é programado para discernir, mas o hábito de atentar para as ferramentas-símbolos, chamadas palavras, afastou-o da percepção consciente total imediata do 'aqui e agora'" (WEIL; TOMPAKOW, 1995, p. 79).

Como comprovação da importância dessa linguagem "primitiva", basta nos vermos em um país cujo idioma desconhecemos para instintivamente recorrermos a ela, gesticulando loucamente a fim de nos fazer entender.

Com o implemento do trabalho a distância e a consequente comunicação "por telas", ou seja, com destaque para um recorte de nossa imagem, precisamos nos reconectar com essa consciência corporal, para que enviemos mensagens coerentes com aquilo que pretendemos de fato transmitir.

O especialista em solução de conflitos Karim Khoury também ressalta, em seu livro Vire a página, a importância da congruência entre a linguagem verbal e a não verbal para a boa compreensão da mensagem enviada:

> SE VOCÊ DISSER UMA COISA E FIZER OUTRA, AS PESSOAS VÃO ACREDITAR NO QUE VOCÊ ESTIVER FAZENDO, E NÃO NO QUE ESTIVER DIZENDO. IMAGINE A FRASE "EU NÃO ESTOU NERVOSO" DITA POR UMA PESSOA AOS GRITOS, ENTREDENTES, COM GESTOS AGITADOS E OLHOS TENSIONADOS. VOCÊ ACREDITARIA NO QUE ESSA PESSOA DIZ? (2005, P. 35)

De modo mais objetivo, principalmente durante conferências por vídeo, é fundamental que seu interlocutor sinta ter sua atenção plena. Não adianta, por exemplo, você dizer estar interessado, quando seus olhos se voltam a todo momento ao celular. Portanto, atente-se a algumas situações:

➡ CABEÇA APOIADA LATERALMENTE NA(S) MÃO(S) DEMONSTRA FALTA DE INTERESSE OU TÉDIO;

➡ POSTURA EXCESSIVAMENTE RELAXADA, IDEM (ALÉM DE FAZER MAL À SUA COLUNA): É ESSENCIAL ESTAR CONFORTÁVEL NO ASSENTO, PORÉM MANTENDO A COLUNA RETA;

- BRINCAR COM OBJETOS ENQUANTO CONVERSA COM ALGUÉM (COMO CLICAR A CANETA), EMBORA POSSA SER UM HÁBITO INCONSCIENTE, PODE GERAR IRRITAÇÃO OU SER INTERPRETADO COMO POUCO-CASO OU ATÉ IMPACIÊNCIA;

- ROER UNHAS OU BALANÇAR PERNAS OU PÉS DÁ A IMPRESSÃO DE ANSIEDADE, O QUE É PERCEPTÍVEL NA CÂMERA E TAMBÉM SE MOSTRA INADEQUADO;

- PASSAR A MÃO NO CABELO OU NA BARBA, DEPENDENDO DO CONTEXTO E DO GESTO, PODE SER ASSOCIADO A SEDUÇÃO, E, PORTANTO, INADEQUADO AO AMBIENTE DE TRABALHO;

- ENQUANTO ESTIVER CONVERSANDO, A NÃO SER QUE SE TRATE DE UMA EMERGÊNCIA E QUE SEU INTERLOCUTOR ESTEJA CIENTE, NÃO MEXA EM OUTRAS JANELAS DO COMPUTADOR — MUITO MENOS SE NÃO ESTIVEREM RELACIONADAS COM O ASSUNTO DISCUTIDO;

- A NÃO SER QUE VOCÊ TENHA FICADO SEM ALMOÇAR E AS PESSOAS ESTEJAM CIENTES DA "CORRERIA", EVITE COMER DURANTE REUNIÕES; SE FOR REALMENTE NECESSÁRIO, DESLIGUE A CÂMERA E O MICROFONE DURANTE ESSE TEMPO, MAS NÃO DEIXE DE ACOMPANHAR O QUE ESTÁ SENDO DISCUTIDO — SE NECESSÁRIO, INTERROMPA O LANCHE PARA FALAR OU FAÇA ANOTAÇÕES PARA RETOMAR O ASSUNTO QUANDO ESTIVER PLENAMENTE DISPONÍVEL.

ZOOM FATIGUE E FOBIA DE WHATSAPP

Como nem sempre as decisões dependem de nós, há casos de empresas que, por necessidade real ou mera falta de planejamento, realizam um grande número de teleconferências diárias. Quando isso ocorre, devemos nos atentar ao fenômeno atual chamado de *Zoom fatigue*, ou exaustão do Zoom.

Trata-se de um cansaço mental gerado justamente por esse excesso, já que, ao olharmos fixamente para a tela por um longo período, adotamos uma postura não natural, sem descansar o olhar e absorvendo informações visuais em demasia, mesmo que em um primeiro momento isso não seja perceptível.

Aparentemente, a expressão surgiu nas redes sociais, e a Universidade de Stanford conduziu algumas pesquisas para estudar o fenômeno — inclusive sugerindo modificações na plataforma para que ela se torne mais natural a seus usuários (RAMACHANDRAN, 2021).

Os pesquisadores recomendam que façam alguns intervalos com câmera fechada ou simplesmente fiquem sem olhar para a tela por alguns minutos, de modo a descansar rapidamente a atividade mental, ou mesmo reduzir o tamanho da janela aberta para evitar o constante *close-up* dos rostos.

Para alguns trabalhadores, como aqueles com Transtorno do Déficit de Atenção com Hiperatividade (TDAH), esse pode ser um desafio ainda mais intenso, já que apresentam maior sensibilidade do que a maioria das pessoas a tal exposição. É importante que isso seja comunicado à empresa, para que sejam combinados ajustes que favoreçam a realização plena de suas atividades.

Outro ponto importante que identificamos em nossas pesquisas é que, assim como ocorre no *Zoom fatigue*, a necessidade de atender excessivamente a chamadas em aplicativos de mensagens instantâneas, como o WhatsApp, também tem gerado estresse e reduzido ou até mesmo paralisado a produtividade de trabalhadores. Uma profissional relata:

> OU EU RESERVO DIAS INTEIROS DO MEU HORÁRIO DE TRABALHO APENAS PARA ATENDER ÀS MENSAGENS, OU SOU OBRIGADA A NÃO RESPONDER, PORQUE SENÃO O TRABALHO PARA. NA MAIORIA DAS VEZES, QUEM ME MANDA MENSAGEM OU TELEFONA ME IMPEDE DE FAZER EXATAMENTE AQUILO QUE ELA OU OUTRA PESSOA ESTÁ ESPERANDO QUE EU FAÇA.

Determinados casos chegam inclusive a beirar uma fobia, associada a sintomas como tensão nervosa, como soubemos ter ocorrido com outro trabalhador, que ficava taquicárdico logo pela manhã, ao acordar e ver as mensagens se acumulando.

Em outros casos, além do contato excessivo, o problema é também o horário em que as mensagens chegam, muitas vezes desrespeitando o contratado para o expediente. "Às vezes eu já não estava mais trabalhando, já tinha tomado banho, estava de pijama e recebia uma chamada de vídeo, então eu pedia para a pessoa esperar um minutinho e ia vestir uma camisa", comenta um terceiro profissional.

Alguns países, como França e Portugal, criaram leis que proíbem o contato com funcionários após o horário de trabalho, e é provável que esse seja o caminho natural futuramente. Enquanto ainda não é o caso no Brasil, sugerimos a adoção de uma postura comedida no uso de tais recursos, restringindo os contatos a situações verdadeiramente relevantes e em horário comercial, não apenas para o bem-estar e a produtividade do contatado como para a proteção da própria empresa — segundo a percepção de alguns advogados em sua rotina, tem aumentado o número de processos trabalhistas em função de abusos.

Na verdade, a orientação vale para qualquer pessoa em seus contatos diários com profissionais diversos, mas, quando se trata do ambiente de trabalho, é fundamental administrar o bom uso dos aplicativos para que o trabalho flua em sua melhor potencialidade.

Outras situações similares podem simplesmente surgir com o tempo ou a partir do uso de novas tecnologias. Assim, recomenda-se que os modos de utilização dessas ferramentas de trabalho ou dificuldades específicas no uso de determinados recursos sejam eventualmente avaliados e revistos em prol da saúde de todos, para que sejam aproveitados em sua potencialidade máxima.

Como gostamos de dizer, vale o bom senso, sempre.

COMUNICAÇÃO A DISTÂNCIA

Um profissional a serviço de uma organização alcança o melhor nível de qualidade em comunicação quando trata com respeito e atenção todos os seus interlocutores e demonstra ter um senso de responsabilidade refinado diante da obrigação que assume, ao ser contratado, de compartilhar as informações e percepções que ele mesmo produz em sua rotina de trabalho.

DIRCEU PIO
A FORÇA TRANSFORMADORA DA COMUNICAÇÃO INTERNA

Sem dúvida, uma boa comunicação é o grande elo para que o trabalho a distância flua de maneira eficiente. Seja qual for o meio utilizado (telefone, bilhete, gesto, etc.), e independentemente de onde os interlocutores estiverem, a comunicação deve ser clara. Quando existe a distância física, no entanto, ela se torna crucial, porque, por mais prática que se tenha desde a implementação mais massiva desse sistema no Brasil com o advento da pandemia, esse ainda é um processo em construção, que está sendo aperfeiçoado, e requer atenção.

Às vezes, mesmo estando fisicamente próximas, as pessoas não estabelecem uma boa comunicação, seja por quais obstáculos for, como exemplifica De Masi: "as estações de trabalho telecomunicantes [escritórios fisicamente distantes conectados por telefones, por exemplo], no final das contas, mantêm muito mais contato entre si do que dois funcionários que trabalham em andares diferentes de um mesmo edifício" (2000, p. 209). Ou seja, sair de sua cadeira para se dirigir a uma pessoa em outro andar ou mesmo outra sala toma tempo, sendo muitas vezes mais prático telefonar — do mesmo modo que se faz trabalhando a distância. Abrimos mão da comunicação completa, com a possibilidade de interpretação complementar de toda a linguagem não verbal (gestos, olhares, tom de voz, movimentos), para concentrar nosso esforço em sermos claros apenas por meio de nossa voz, de modo a ganhar eficiência.

Assim, podemos concluir que o ato da comunicação independe do espaço físico, mas a forma da comunicação precisa ser extremamente cuidada. Podemos enviar mensagens a distância, sejam elas via áudio, texto ou imagem, mas, como não dispomos de todos os recursos complementares da comunicação verbal, cada meio exigirá uma adaptação.

Para exemplificar, suponha que você precise chamar a atenção de um funcionário sobre um mau desempenho. Como se trata de uma situação delicada, que implica algum envolvimento emocional (ele terá de lidar com sua frustração e se comprometer com uma mudança de comportamento), em uma situação de trabalho presencial provavelmente optaríamos por fazê-lo pessoalmente. Já no trabalho a distância, será necessário escolher um meio que não seja tão impessoal quanto um e-mail, mas que também não o exponha diante de outros funcionários, como em uma videoconferência. Nesse caso, um telefonema — ou, ainda melhor, uma chamada pessoal por vídeo — talvez se mostre mais adequado, para que ambos tenham a oportunidade de perceber não apenas a voz um do outro, mas suas expressões, evitando mal--entendidos e permitindo uma avaliação clara da situação para acordar os próximos passos.

De forma simplificada, podemos considerar:

- E-MAILS OU TEXTOS ESCRITOS DEVEM SER SUCINTOS, DIRETOS E OBJETIVOS. ATUALMENTE FUNCIONAM MELHOR PARA DOCUMENTAÇÃO, REGISTRO OU ESCLARECIMENTOS FORMAIS.

- APLICATIVOS DE CONVERSA POR TEXTO PERMITEM, DE MODO GERAL, LINGUAGEM MAIS INFORMAL, MAS AINDA PEDEM OBJETIVIDADE E CORREÇÃO GRAMATICAL. TENHA CUIDADO COM A CORREÇÃO AUTOMÁTICA: É SEMPRE MAIS SEGURO RELER O TEXTO ANTES DE ENVIAR, PARA EVITAR MAL-ENTENDIDOS. (E LEMBRE--SE DE AVISAR QUE NÃO FOI INTENCIONAL SE ENVIAR UM TEXTO EM LETRAS MAIÚSCULAS, PARA NÃO PARECER ESTAR GRITANDO.)

- Nos textos em geral, evite usar abreviações modernas (como "vc"), a não ser que se trate de alguém com quem você tem intimidade e lida diariamente, como um colega da empresa que se tornou amigo pessoal — ainda assim, desde que não estejam discutindo assuntos sérios.

- Telefonemas funcionam melhor nos casos em que há urgência ou necessidade de esclarecimentos entre as partes na forma de perguntas e respostas imediatas.

- Aplicativos de envio de áudio devem ser mais sucintos ainda, nunca ultrapassando um minuto, e servindo especialmente para esclarecimentos complementares ou emergências.

- Envio de arquivos: ao fotografar documentos, verifique a legibilidade para leitura de quem deve recebê-los, de preferência ampliando a imagem para garantir que não esteja desfocada antes do envio. O mesmo pode ser aplicado no caso de imagens, quando estas têm relevância direta para o trabalho. Além disso, evite enviá-las sem a legenda ou explicação do que se trata; pode parecer óbvio, mas, em um mar de mensagens recebidas, seu interlocutor pode precisar de algum indicativo mais preciso ao acessá-las, e até para armazená-las em pastas específicas, o que torna mais organizado o trabalho como um todo.

- Lembre-se de que tudo o que é enviado pode ser rastreado. Portanto, entre outras prudências, utilize linguagem de bom gosto em qualquer ocasião — mesmo que o exemplo não venha de cima.

Com o tempo, os meios (aparelhos, aplicativos e dispositivos) vão se modificando e evoluindo, alguns tornando-se obsoletos e sendo substituídos por novidades. A linguagem também sofre modificações e atualizações, normalmente sutis, de tempos em tempos. Mas a comunicação em si, o ato de trocar mensagens, permanece inalterada: nós precisamos trocar informações sempre, em qualquer contexto. Assim, podemos e devemos nos adaptar aos meios, mas questionar se o que tentamos dizer está sendo perfeitamente compreendido pelo outro, sem a possibilidade de sofrer interferências ou interpretações errôneas por falha nossa. Como bem observa Khoury, "você não é responsável pela reação emocional do outro, mas é totalmente responsável pela maneira como se comunica com ele" (2005, p. 38).

Embora o estudo da comunicação social seja um assunto de extremo valor para as empresas e deva ser incentivado, não é nosso objetivo aprofundar o conhecimento do leitor nessa área, mas sim chamar a atenção para a importância dos cuidados necessários para manter, mesmo no trabalho a distância, a fluidez de contato e interação entre as pessoas, utilizando meios e formas mais adequados, para que o trabalho em sistema home office continue a se solidificar em benefício de empresas e trabalhadores.

PLANEJAMENTO E GESTÃO DE ATIVIDADES (TEMPO)

Não há milagre: se temos que administrar muitas atividades, misturando ambiente doméstico, familiar e profissional, e desejamos bons resultados e menor estresse, precisamos de planejamento, de organização dessas tarefas.

Planejar o dia e a semana é fundamental para sentirmos progresso em nossas atividades sem perder tempo ou desviar o foco para aquilo que não é prioridade. Como os maiores pesquisadores do tema costumam dizer, não temos como controlar ou gerir o tempo em si, mas sim o que fazemos durante sua passagem.

O livro *O mais completo guia sobre como lidar com o estresse* também identifica a pressão do tempo como um fator estressante:

> É quando você sente como se estivesse sempre correndo contra o relógio para fazer as coisas e o relógio parece estar ganhando. A maior parte desse tipo de pressão é autoinduzida. Você está se ocupando de atividades que tendem a acelerar seu senso de tempo, o que faz com que sua percepção desse tempo talvez fique distorcida de várias maneiras durante o período em que trabalha. (DAVIDSON, 2001, p. 72)

Para ajudar a minimizar ou quem sabe até resolver esse problema, trabalharemos neste tópico várias estratégias para dar conta dos compromissos com mais tranquilidade e controle.

Uma delas, bastante básica, é começar reservando um período no início ou final de cada dia para listar e checar suas tarefas cumpridas. Embora haja quem a enxergue justamente como perda de tempo, o fato é que, ao experimentá-la, você comprovará que tal iniciativa por si só já será muito mais eficaz do que resolver as coisas aleatoriamente. É uma prática importante para se habituar a estabelecer prioridades estrategicamente, até que isso se torne natural.

Pesquisadores como Daniel Goleman e Stephen R. Covey se debruçaram sobre o assunto na busca de técnicas que pudessem ajudar na questão do bom aproveitamento do tempo. O estudo e o aperfeiçoamento de várias dessas teorias na atualidade foram feitos com reconhecimento mundial pelo brasileiro Christian Barbosa, a partir de pesquisas realizadas em diversos países, por mais de quinze anos e superando 100 mil entrevistados. O trabalho resultou em um sistema conhecido como "tríade do tempo", uma ferramenta de coaching utilizada inclusive para treinamento em empresas.

Um dos conceitos principais provenientes desses estudos, que costumamos aplicar em nosso dia a dia e julgamos úteis para o trabalhador em home office, baseia-se, de maneira muito simplificada, na classificação das atividades em três grandes esferas:

 (NÃO TEM TANTA PRESSA, MAS NÃO PODE DEIXAR DE SER FEITA, E PRECISA DE MAIOR ATENÇÃO E DEDICAÇÃO);

2. URGENTE (PRECISA SER FEITA LOGO, MAS NÃO É IMPORTANTE);

3. CIRCUSTANCIAL (NÃO É RELEVANTE OU PODE SER DELEGADA A OUTRAS PESSOAS).

Barbosa explica a maneira ideal de lidar com as classificações:

> ACIMA DE TUDO, SABER O QUE PRIORIZAR FAZ A DIFERENÇA. TEMOS A TENDÊNCIA DE PRIORIZAR A URGÊNCIA OU AS CIRCUNSTÂNCIAS E DEIXAR DE LADO AS COISAS IMPORTANTES. ÀS VEZES, AS URGÊNCIAS DEVEM SER AS PRIMEIRAS COISAS A SEREM FEITAS PARA SEREM LOGO ELIMINADAS, MAS NÃO PODEMOS DEIXAR QUE ISSO SE TORNE UMA ROTINA. QUANDO VOCÊ PRIORIZA O QUE É IMPORTANTE, ESTÁ COLOCANDO SUA VIDA NA ESTRADA CERTA E DEIXANDO SUA TRÍADE MAIS PRÓXIMA DA IDEAL. (2018, P. 94)

A autora e palestrante Tathiane Deândhela, especialista em vendas, liderança e produtividade, reforça em seu livro *Faça o tempo trabalhar para você e alcance resultados extraordinários* os perigos do não estabelecimento claro de critérios: "A gestão do tempo é intolerante com aqueles que não sabem o que é importante ou não conseguem estabelecer prioridades. Quem faz tudo não sabe o que é prioridade e quer abraçar o mundo" (DEÂNDHELA, 2020b, p. 21). Assim como Barbosa, ela critica a atribuição de peso a urgências: "Considerar que tudo é de fato importante faz tudo parecer de inadiável relevância. Manter-se em total ocupação com 100% daquilo que surge faz com que nada saia como planejou" (p. 26).

Com base nas principais metodologias e técnicas aplicadas em processos de coaching para planejamento e gestão do tempo, indicamos algumas ações que podem ser feitas imediatamente para quem busca começar a melhorar sua rotina diária:

1. LISTE TUDO O QUE VOCÊ PRECISA FAZER (VOCÊ PODE UTILIZAR O MESMO MÉTODO PARA TAREFAS DOMÉSTICAS E PROFISSIONAIS, MAS DEVE FAZER SEU PLANEJAMENTO E EXECUÇÃO SEPARADAMENTE; SE FOR O CASO, UTILIZE AGENDAS DIFERENTES E EM HORÁRIOS DIFERENTES).

2. DIVIDA A RELAÇÃO EM ALGUMAS ATIVIDADES POR DIA (PODEM SER TRÊS A QUATRO, POR EXEMPLO; ISSO DEPENDERÁ DA EXIGÊNCIA DE TEMPO PARA CADA UMA DELAS). O IMPORTANTE NÃO É TENTAR FAZER MUITO, MAS VERIFICAR O QUE É REALMENTE VIÁVEL NO ESPAÇO DE TEMPO DISPONÍVEL.

3. DEFINA A ORDEM DE PRIORIDADES DE CADA ITEM: SE É IMPORTANTE (É ESSENCIAL E DEPENDE DE VOCÊ, INDEPENDENTEMENTE DO PRAZO); SE É URGENTE (TEM PRESSA, MAS NÃO É RELEVANTE); OU SE É

CIRCUNSTANCIAL (PODE FICAR PARA DEPOIS OU NÃO PRECISA DE SUA ATENÇÃO DIRETA). UTILIZAR DIFERENTES CORES PARA IDENTIFICAR AS PRIORIDADES PODE AJUDAR BASTANTE. VOLTE SUA ATENÇÃO PARA AS TAREFAS IMPORTANTES E PROCURE ENCAMINHAR AS DEMAIS (A IDEIA É, COM O TEMPO, CADA VEZ MAIS REDUZIR A QUANTIDADE DE URGÊNCIAS, MANTENDO TUDO SOB O CONTROLE DA IMPORTÂNCIA OU DA CIRCUNSTÂNCIA, ANTES QUE SE TORNEM URGÊNCIAS).

④ FAÇA OUTRA LISTA COM AS DEMAIS TAREFAS PENDENTES QUE NÃO ESTÃO "ESCALADAS" PARA A DATA DE HOJE. (SE VOCÊ TERMINAR A META DO DIA EM TEMPO HÁBIL, PODE ANTECIPAR OUTRA ATIVIDADE DESSA LISTA.)

⑤ ESTABELEÇA UM TEMPO MÍNIMO E MÁXIMO PARA A EXECUÇÃO DE CADA TAREFA OU GRUPO DE TAREFAS. (PROCURE APROVEITAR PARA AGRUPAR TAREFAS POR SIMILARIDADE: POR EXEMPLO, SE HOUVER ATIVIDADES QUE EXIJAM CONCENTRAÇÃO, COMO TEXTOS PARA LER, RESERVE UM PERÍODO PARA ISSO SEPARADO DE ATIVIDADES MAIS DINÂMICAS.)

⑥ DURANTE O HORÁRIO ESTABELECIDO, EXECUTE AS TAREFAS E ATUALIZE SEUS STATUS (CASO SURJAM NOVAS TAREFAS IMPORTANTES QUE NÃO ESTAVAM NOS PLANOS INICIAIS, O QUE NORMALMENTE OCORRE, INSIRA-AS NA LISTAGEM, REVISANDO-A E ADAPTANDO-A). NÃO SE PREOCUPE EM FAZER TUDO; O FUNDAMENTAL É FAZER BEM O QUE FOR MAIS IMPORTANTE.

⑦ REVISE E ATUALIZE A LISTAGEM TODOS OS DIAS, E AVALIE SE ALGO PODE SER MELHORADO SEMANALMENTE.

Após o término da semana, ao analisar o todo, você perceberá quanto conseguiu evoluir e será mais fácil estabelecer a rotina para a semana seguinte. Dessa forma, você não apenas sentirá palpavelmente quanto conseguiu executar como desenvolverá cada vez melhor aptidão para designar tarefas em seu planejamento: é uma questão de persistência, repetição, treino, para chegar à excelência. O ideal é atentar-se para manter esse hábito por pelo menos dois meses, para que ele se torne natural e você visualize melhor os resultados.

Caso opte por fazer o planejamento no computador, por um lado você ganhará maior agilidade e flexibilidade para mover os itens de uma classificação para outra; por outro, se tiver um registro no papel, poderá lidar com ele independentemente do uso de um meio eletrônico e sem restrição de mobilidade. Assim, para alcançar o melhor dos dois mundos, recomendamos que o planejamento seja criado digitalmente e por escrito, por precaução, mas a decisão final de como tudo fluirá melhor para suas necessidades é exclusivamente sua — inclusive adaptando e aperfeiçoando essas ideias. Barbosa comenta que, de acordo com suas pesquisas, 98% das pessoas usam o computador em sua rotina, mas não se restringem a ele: "Um dado interessante é que a tendência é de não abandonar a agenda de papel e, sim, de utilizar um sistema misto, o que vem aumentando nos últimos anos: 49% dos entrevistados gostariam de combinar uma base tecnológica atualizada com o apoio dos meios off--line" (2018, p. 54).

Agora que falamos sobre o planejamento e a execução das tarefas, devemos considerar também a questão do foco: ao longo do dia, nós nos distraímos com e-mails, interrupções das mais diversas, novas demandas, etc., e tudo isso atravanca o andamento do trabalho. No final do dia, nós nos damos conta de que não conseguimos cumprir nada ou quase nada.

E todo dia esse padrão se repete. Em seu livro, *Foco: a atenção e seu papel fundamental para o sucesso*, Daniel Goleman revela:

> A CAPACIDADE DE MANTER O FOCO EM UM ALVO E IGNORAR TODO O RESTO OPERA NA REGIÃO PRÉ-FRONTAL DO CÉREBRO. O CIRCUITO ESPECIALIZADO DESTA ÁREA AUMENTA A FORÇA DOS SINAIS EM QUE QUEREMOS NOS CONCENTRAR (AQUELE E-MAIL) E DIMINUI A FORÇA DO QUE QUEREMOS IGNORAR (AQUELAS PESSOAS TAGARELAS NA MESA AO LADO). [...] A INCAPACIDADE DE ABANDONAR UM FOCO PARA TRATAR DE OUTROS PODE DEIXAR A MENTE PERDIDA NUM CICLO DE ANSIEDADE CRÔNICA. (2013, [N. P.])

Quando é a nossa mente que costuma divagar ou se perder com facilidade, a melhor maneira de evitarmos ser levados por tantas distrações é termos consciência do momento presente. Existem estudos modernos que ensinam uma técnica chamada atenção plena, também conhecida como *mindfulness*. Embora seu método se dê essencialmente a partir da meditação, é importante lembrar que, no contexto do trabalho, temos que ser capazes de controlar nossa mente para nos dedicarmos a uma tarefa de cada vez, sem desviarmos nosso foco para eventuais apelos nem iniciar várias atividades simultaneamente, pois isso cortará nosso raciocínio e nos fará perder mais tempo.

De nada adianta, por exemplo, tentar redigir um relatório, mas ficar olhando o relógio a cada cinco minutos porque em uma hora você precisa levar o filho à natação. A proposta é manter 100% da concentração no relatório e programar um alarme sonoro para a hora de sair. Ao sair, em compensação, esqueça o relatório, e volte sua atenção totalmente ao transporte e ao acompanhamento do filho.

Evidentemente, as técnicas da atenção plena são muito mais abrangentes, dependem de treinamento e se aplicam a diferentes finalidades, incluindo o combate à depressão e à ansiedade. Mas aqueles que desejarem se aprofundar poderão ter uma aplicação especialmente relevante no trabalho em sistema home office, porque, como vimos, os estímulos para desvio do foco estão por toda parte, e a prática pode ajudar a lidar de maneira mais leve com as pressões diárias.

Em seu best-seller *Atenção plena: mindfulness*, os autores Mark Williams e Danny Penman falam sobre esses benefícios:

> ESTUDOS CIENTÍFICOS MOSTRAM QUE A PRÁTICA DA ATENÇÃO PLENA NÃO SÓ PREVINE A DEPRESSÃO, COMO AFETA POSITIVAMENTE OS PADRÕES CEREBRAIS RESPONSÁVEIS PELA ANSIEDADE E PELO ESTRESSE DO DIA A DIA, FAZENDO COM QUE, UMA VEZ INSTALADA, ESSA CONDIÇÃO SE DISSOLVA COM MAIS FACILIDADE. [...] ALÉM DISSO, A MEMÓRIA MELHORA, A CRIATIVIDADE AUMENTA E AS AÇÕES SE TORNAM MAIS RÁPIDAS. (2015, [N. P.])

Temos que considerar, por outro lado, que há situações em que não temos tanto controle assim sobre nosso foco porque a causa das interrupções realmente provém de fatores externos. Podemos estar superconcentrados, mas a todo momento surgir uma notificação na tela do computador avisando sobre a chegada de um novo e-mail, alguém chamar para tirar uma dúvida, um cachorro latir e assim por diante.

Para obtermos uma boa produtividade, antes de qualquer coisa, é fundamental voltarmos nossa atenção justamente para aquilo que mais a prejudica: as interrupções. O maior problema das interrupções é que, cada vez que acontecem (e não são poucas as vezes, como você bem sabe), fazem com que nosso cérebro demore vários minutos até retomar o raciocínio que estava seguindo. Se no ambiente externo de trabalho isso já era comum, dentro de casa, como vimos, as oportunidades para isso no mínimo duplicam.

Recomendamos que você faça uma experiência construtiva: anote, durante uma semana, os principais fatores de interrupção do seu trabalho. Depois de reunir essas informações, em vez de se frustrar com o problema, volte toda a sua energia para a solução: como evitar que se repitam (aliás, esta também é uma excelente técnica de produtividade). Anteriormente falamos, por exemplo, sobre colocar algum indicativo de quando você está on-line ao vivo, para evitar interrupções dos familiares. Aplique o mesmo raciocínio em relação à prevenção das demais interrupções identificadas.

E, por falar em produtividade, você já parou para pensar nesse conceito? Em palestra ministrada para profissionais autônomos, Deândhela lembra que "ser produtivo não é sobre trabalhar mais; é sobre trabalhar de uma forma tão inteligente, tão estratégica, que se consegue ter mais resultado gastando menos tempo" (DEÂNDHELA, 2020a). Assim, o objetivo não é trabalhar durante muito tempo para ter bons resultados, mas trabalhar de forma ágil e ter bons resultados. Até porque, quando dedicamos horas excessivas ao trabalho, além de nos sobrecarregarmos física e mentalmente, deixamos de aproveitar um tempo valioso que poderíamos vivenciar com nossa família ou com amigos para renovar nossa energia. "Precisamos identificar, no nosso dia a dia, o que podemos fazer diferente, melhor, delegar, automatizar, enfim, criar maneiras de ser mais rápidos" (DEÂNDHELA, 2020a), completa a especialista.

Barbosa exemplifica como colocar isso em prática:

> NA ERA DA ROBÓTICA, VOCÊ VAI ECONOMIZAR MUITO TEMPO, UTILIZANDO A INTELIGÊNCIA DAS MÁQUINAS PARA FAZER COISAS POR VOCÊ, AUTOMATIZAR SUA VIDA, ECONOMIZAR DINHEIRO, GANHAR PRODUTIVIDADE E TER MAIS TEMPO PARA AQUILO QUE REALMENTE GOSTA DE FAZER. [...] EU CONSIGO HOJE, ATRAVÉS DO GOBOXI, NOSSO SISTEMA DE PRODUTIVIDADE BASEADO EM INTELIGÊNCIA ARTIFICIAL, PREDIZER SE UMA META OU PROJETO SERÁ ENTREGUE NO PRAZO OU QUANTOS DIAS TEREMOS DE ATRASO, COM UMA PRECISÃO INCRÍVEL. CONSIGO FALAR DO TIME, QUAL A PESSOA MAIS PRODUTIVA E AS MELHORES FORMAS PARA O GESTOR CRIAR ALTA PERFORMANCE NO GRUPO. (2018, P. 46)

Note que nem sempre agilizar significa fazer melhor. Se resolvemos delegar tarefas a pessoas incapacitadas, por exemplo, provavelmente ocorrerá o oposto: o resultado não será positivo e ainda teremos retrabalho, ou seja, maior perda de tempo. Por isso, é preciso administrar com maestria a balança entre agilidade e qualidade. Delegue a quem você possa simplesmente monitorar — incluindo essa tarefa em sua agenda e aproveitando os recursos tecnológicos disponíveis —, ou, se for inviável no momento, inove implementando um treinamento de capacitação dos colaboradores: no médio prazo valerá a pena. "O líder eficaz não gasta o tempo de seu time. Ele investe 80% do próprio tempo no desenvolvimento da equipe e apenas 20% em questões operacionais. [...] Líderes precisam da equipe e a equipe precisa dos líderes", conclui Deândhela (2020b, p. 83).

"PRODUTIVIDADE EM EXCESSO"

Ao contrário do que muitas pessoas imaginam, aumentar a carga de trabalho de quem produz bem não é positivo: *não existe produtividade em excesso*. Todo mundo precisa de tempo para se refazer, e, geralmente, quem se empenha intensamente em uma tarefa e a realiza com qualidade e rapidez gasta mais energia. Luís Justo explica:

> ÀS VEZES O LÍDER PENSA QUE, SE UM TRABALHADOR REALIZOU SUAS TAREFAS, É PORQUE ESTÁ COM MUITO TEMPO OCIOSO, E NÃO AVALIA QUE ELE PODE ATÉ TER INVESTIDO MAIS TEMPO DO QUE O HABITUAL DE TRABALHO.

> SE ELE CONSEGUIU FAZER UM TRABALHO EXCELENTE EM UM TEMPO MENOR, TALVEZ MEREÇA MAIS HORAS DE FOLGA, PORQUE PODE TER SE EMPENHADO MUITO. UMA PESSOA QUE TENHA USADO O DOBRO DE HORAS TALVEZ NÃO SE EMPENHE TANTO, NÃO É? MEDIR A DEDICAÇÃO PELO NÚMERO DE HORAS É UM INDICADOR FALHO QUE NÃO ESTIMULA A MELHORIA NA QUALIDADE DE QUEM PRODUZ O TRABALHO; AO CONTRÁRIO, É MUITO DESVANTAJOSO PARA AS DUAS PARTES, E AS EMPRESAS, SEJAM ELAS PÚBLICAS OU PRIVADAS, DEVERIAM ESTAR ATENTAS A ISSO.

O raciocínio do psiquiatra é defendido também pelos especialistas em produtividade: segundo reportagem publicada na revista *Forbes*, diferentes pesquisas científicas indicam que a satisfação pessoal está diretamente relacionada à produtividade, e que isso se dá por meio de maior esforço por parte desses trabalhadores. Uma delas indica, inclusive, que os funcionários felizes são de 20% a 37% mais produtivos que os demais, dependendo da área de atuação (PRESTON, 2017).

Durante a pandemia, Justo viu aumentar em seu consultório o número de pessoas clinicamente estressadas decididas a se demitir por conta do aumento da demanda de trabalho e de cobranças excessivas. Ele complementa:

> *O PRÓPRIO TRABALHADOR SE COBRA PELO FATO DE QUE, POR ESTAR EM CASA, PRECISA SEMPRE MOSTRAR QUE ESTÁ TRABALHANDO, E POR RECEIO DAS CRÍTICAS, QUE MUITAS VEZES SÃO FEITAS PELA CHEFIA COMO PREVENÇÃO PARA O OUTRO NÃO FOLGAR, COMO UMA ESPÉCIE DE PRÉ-CONCEITO. É IMPORTANTE NÃO SACRIFICAR UM BOM FUNCIONÁRIO A PONTO DE APÓS ALGUM TEMPO ELE NÃO TER CONDIÇÕES DE PRODUZIR QUASE NADA. (PRESTON, 2017)*

Cabe lembrar que, do final do século XX para o início do XXI, as mudanças tecnológicas que aceleraram a troca de informações foram impensavelmente maiores do que as ocorridas em qualquer outra época de nossa existência, e a sobrecarga mental gerada por essa demanda ainda não foi devidamente avaliada.

Para efeito comparativo, basta pensarmos em como vemos hoje o que passaram os trabalhadores que viveram a Revolução Industrial entre os séculos XVIII e XIX. Talvez sua maior crítica aberta só tenha sido realizada no filme *Tempos modernos*, de Charles Chaplin, em 1936, já beirando a Segunda Grande Guerra — ou seja, pelo menos cem anos depois.

Vejamos outro exemplo elucidativo dessa aceleração sem irmos tão longe: nos idos de 1980, para criar um livro de não ficção, um autor precisaria visitar pessoalmente seus entrevistados em diferentes datas, registrar os depoimentos em um gravador de fitas cassete, transcrevê-los (voltando e acelerando a fita diversas vezes para rever cada trecho), visitar bibliotecas, copiar à mão determinadas informações, datilografar tudo em uma máquina de escrever ("catando milho", tendo a fita travada, rasgando folhas inteiras para reescrever determinados parágrafos, etc.), e, por fim, os papéis deveriam percorrer fisicamente a distância entre a casa do autor e a editora, apenas na primeira etapa. Quantos meses ou anos seriam necessários para isso?

Agora, com o acesso a pesquisas de universidades (além de outras fontes) disponibilizadas, entrevistados enviando seus depoimentos virtualmente, áudios e vídeos precisos, digitalização de texto sem esforço, impressão caseira e envio instantâneo de arquivos, quantos dias ou semanas seriam necessários?

Mais do que isso, a cada visita à biblioteca, era possível ver as árvores e as pessoas na rua, produzir um pouco mais de vitamina D, tomar um café com os entrevistados, os prazos eram mais longos, era preciso respeitar o tempo da caligrafia e... sim: *os prazos eram mais longos!* E tudo bem. Nosso ritmo biológico e mental era outro. E o mesmo se aplica a praticamente qualquer área profissional que não dependa de trabalho artesanal. Quem já passou dos quarenta pode perceber nitidamente essa diferença no estilo de vida: basta relembrar o dia a dia antes dos anos 1990 e a entrada dos aparelhos celulares e da internet.

Consultamos o doutor Justo (fev. 2022) sobre o assunto. "Ainda não vi estudos específicos sobre esse tema, mas considero bem razoável pensarmos que estamos fazendo muito mais trabalho na mesma quantidade de tempo, e que não há como isso não gerar cansaço", ele comenta, baseado em sua experiência e observações.

> PARA OBTERMOS INFORMAÇÕES MAIS OBJETIVAS SOBRE TODAS ESSAS QUESTÕES, SERÃO NECESSÁRIOS ESTUDOS EM DIFERENTES ÁREAS, E MESMO ASSIM SEMPRE MODIFICÁVEIS. MAS ACHO QUE ESTAMOS VIVENDO ESPECIALMENTE ESSA EXPERIÊNCIA DA VELOCIDADE: O QUE VALIA EM UM DETERMINADO MOMENTO PARECE NÃO VALER NO SEGUINTE. E PODE SER QUE NOSSA REFERÊNCIA ESTEJA PRESA LÁ NAQUELA CRENÇA ADQUIRIDA, E QUE ACHAMOS QUE VALERIA PARA SEMPRE. O MUNDO MUDA MUITO, E É MAIS DIFÍCIL COMPREENDÊ-LO.

A ironia é que, justamente quanto menos tempo levamos para realizar nossas atividades, mais exigimos de nós mesmos, mais nos adaptamos a ter pressa, menos aproveitamos o entorno e as pessoas, menos paciência temos, mais nos desgastamos, mais nossa mente fica acelerada, mais nossa saúde fica comprometida — e o mais absurdo: a qualidade das execuções nem sempre melhora, já que muitas vezes a rapidez é acompanhada pela superficialidade.

Evidentemente, os benefícios da aceleração também são incontáveis. A vida de lá para cá melhorou em inúmeros aspectos, e o maior exemplo talvez seja termos tido a possibilidade de contar com ágeis respostas profissionais na pandemia, desde o acesso a informações e entregas rápidas até o desenvolvimento e a aplicação das vacinas.

Entendemos atualmente que trabalhar não é uma necessidade apenas para a sobrevivência do ser humano, mas, muitas vezes, para seu bem-estar mental e psicológico, e isso segue em constante evolução. No livro *As palavras no tempo*, o acadêmico Gianfranco Dioguardi ressalta essa mudança no conceito ao longo da história:

> [...] A grande enciclopédia de Diderot e D'Alembert assim define trabalho: "Ocupação cotidiana à qual o homem é condenado pela sua necessidade e à qual ele deve ao mesmo tempo a sua saúde, subsistência, serenidade, bom senso e talvez a virtude". [...] Hoje [...] o indivíduo deve trabalhar interagindo com toda a sua inteligência, toda a sua criatividade e toda a sua personalidade. O trabalho da pessoa se transforma exatamente porque requer do sujeito propositor uma participação ativa, capaz de exprimir personalidade criativa de forma plena e a todo momento. Esta é uma definição

> QUE AFASTA TERMINANTEMENTE DO CONCEITO DE TRABALHO O SIGNIFICADO DE PUNIÇÃO EXPIATÓRIA E QUE O APROXIMA BASTANTE DA IDEIA DO JOGO INTERATIVO, NO QUAL O INDIVÍDUO TEM A POSSIBILIDADE DE SE REALIZAR PLENAMENTE. (DE MASI; PEPE, 2003, P. 265-266, 272)

O que nos cabe neste momento é observar e sentir em nossa própria rotina e saúde o que está funcionando e o que gera mais problemas do que soluções, tanto para nós, como profissionais, como para a empresa que representamos. Como vimos, muitos estudiosos têm se debruçado sobre a questão da qualidade de vida e o que ela implica, e empresas no mundo todo estão se adaptando a essa nova realidade. O próprio Davidson já mencionava abordagens conscientes e vanguardistas por parte das empresas vinte anos atrás:

> OS MAIS ALTOS EXECUTIVOS DA DUPONT DE NEMOURS AND COMPANY DAS ÍNDIAS ORIENTAIS [...] DESENVOLVERAM "PROGRAMAS" PARA AJUDAR SEUS FUNCIONÁRIOS A LIDAR COM QUESTÕES COMO ASSISTÊNCIA AOS IDOSOS, CUIDADO COM AS CRIANÇAS

> E OUTRAS EXIGÊNCIAS DE TER UM EMPREGO E UMA FAMÍLIA NA SOCIEDADE CONTEMPORÂNEA. AS EMPRESAS ATUALIZADAS RECONHECEM QUE AS PRESSÕES FORA DO TRABALHO TÊM UM IMPACTO DEFINITIVO SOBRE A PRODUTIVIDADE, PORTANTO PROJETAM PROGRAMAS E PLANOS DE BENEFÍCIOS DE ACORDO COM ISSO. (2001, P. 88)

Assim, substituir a pressão pelo incentivo positivo — de preferência, menos com presentes, eventos e elogios, e mais com oportunidades para melhorar sua qualidade de vida, permitindo uma maior integração em todos os setores de sua vida — é uma boa estratégia.

Nunca é demais lembrar que, em contrapartida aos ganhos de flexibilidade e liberdade, as exigências com relação a comprometimento e entrega devem ser proporcionais. Certamente terá êxito o funcionário que apresentar uma autocobrança compatível com os novos parâmetros de responsabilidades que lhe forem determinados.

O que pretendemos aqui é, a partir das constatações que muitos estudiosos têm identificado, basicamente oferecer um convite para que, ao estabelecer os processos de trabalho estejamos atentos aos ganhos e perdas de cada escolha, a fim de obtermos o melhor proveito em termos da manutenção da produtividade no longo prazo. Quem tiver sensibilidade e atenção para acompanhar essas mudanças sem dúvida estará à frente dos demais.

Nosso objetivo com relação a planejamento e gestão de tempo foi ajudar você a identificar os principais fatores que atrapalham sua produtividade, a implementar técnicas básicas para superá-los e, a partir da experiência e prática, possibilitar novos passos para o aperfeiçoamento, considerando o contexto do trabalho em casa. Todos os conceitos aqui tratados podem ser aprofundados (e recomendamos que o sejam) em estudos mais específicos elaborados pelos grandes pesquisadores que elencamos.

Na próxima parte do livro, para complementar o estudo da organização do trabalho em sistema home office, falaremos sobre os desafios da rotina de casa, e como dominá-los para ter uma vida mais equilibrada e prática.

PARTE 5

Sua rotina

ALIMENTAÇÃO

Como em casa normalmente nos movimentamos menos do que no escritório, pois é comum não sairmos nem para almoçar, a possibilidade de ganhar peso e desenvolver outros problemas como consequência é grande. Assim, a alimentação passa a ter uma importância ainda maior para o bem-estar e a saúde do trabalhador em sistema home office.
A nutróloga Gabriela Velucci reforça essa preocupação: "O não cuidar da alimentação por excesso de trabalho acontece pela falta de rotina. Isso gera dano à saúde, pois, pela falta de tempo, ficamos propensos a ingerir o que é mais fácil, ou seja, alimentos com poucos nutrientes e muito calóricos, compostos basicamente por carboidratos e gorduras — geralmente alimentos ultraprocessados intimamente ligados ao ganho de peso e ao desenvolvimento de doenças relacionadas a isso, como obesidade, diabetes, hipertensão e dislipidemia, as quais são causas de doenças mais graves, como infarto, AVC e câncer".

Se você é do tipo que passa longos períodos sem comer nada e, no momento da refeição, dá aquela exagerada, procure comer ao menos uma fruta a cada três horas. Optar por lanches e refeições balanceadas interferirá muito na sua disposição física e mental, assim como em todo o metabolismo. Também é muito útil fazer um planejamento de compras a ser implementado no horário livre, garantindo fácil acesso a frutas, verduras, legumes, bebidas saudáveis e hidratantes (como iogurtes e água de coco), além de suas demais necessidades particulares, de modo a não precisar interromper suas atividades para fazer compras a todo momento.

Se você prefere ter uma alimentação saudável, gosta de cozinhar, ou mesmo quer evitar gastos excessivos com pedidos de entrega diários, procure deixar sua cozinha o mais prática possível (sim, isso inclui manter organizados armários, louças e mantimentos!). Para esse fim, estipule um horário para criar um *checklist* das tarefas que precisam ser desempenhadas e que facilitem o seu dia a dia. Por exemplo, se você sabe que precisa almoçar ao meio-dia, mas nunca tem tempo suficiente para preparar algo, reserve a melhor data para adiantar ao máximo essa tarefa. A nutróloga explica como: "A rotina é fundamental para uma alimentação mais saudável. Se for difícil cozinhar antes de almoçar ou jantar, é necessário separar um momento do dia, da semana ou do mês para a preparação dos alimentos e o congelamento das porções, que estarão à mão na hora da fome ou de cada refeição".

Caso você se interesse por orientações mais específicas ou necessite de algum tipo de ajuda pontual, sugerimos a consulta a um especialista, que pode ser um nutricionista (formado em nutrição, para elaboração de dietas, equilíbrio nutricional e/ou educação alimentar) ou um nutrólogo (profissional com formação médica especializado em nutrologia e enfermidades relacionadas, para diagnósticos, tratamentos e prevenção da saúde). Velucci explica melhor essas diferenças na prática:

"O nutricionista e o nutrólogo são profissionais complementares: enquanto o nutricionista monta um plano nutricional balanceado e recomendado para cada necessidade individual, o nutrólogo é o médico que investiga e trata carências nutricionais ou o excesso de peso".

Como o nosso objetivo neste livro é abordar as refeições do ponto de vista do planejamento, da rotina e da praticidade do preparo, optamos por indicar algumas ideias que testamos com bons resultados para sua inspiração:

- Deixar pronto um tempero caseiro agiliza o preparo de uma infinidade de pratos, além de ser o melhor substituto para temperos prontos, que não são o ideal para a saúde no longo prazo: triture quatro dentes de alho e uma cebola com uma colher de óleo, mantendo o creme em um recipiente hermético na geladeira. Dura de quinze dias a um mês.

- Comprar as verduras já pré-lavadas reduz demais o tempo na cozinha. Se utilizar uma centrífuga de salada para eliminar o excesso de água presente nas folhas e guardá-las em um recipiente hermético entre camadas de papel-toalha, você amplia o tempo de armazenamento para uma semana inteira.

- Massas pré-prontas são uma alternativa simples e deliciosa. Mantenha antecipadamente preparadas e refrigeradas (por dois dias) ou congeladas (por maior tempo) pequenas porções de massa cozida al dente e diferentes molhos: basta juntar o que estiver a fim no momento da refeição.

- Congelados em geral podem ser grandes aliados na agilização e praticidade das atividades diárias, especialmente no caso de carnes, massas recheadas, estrogonofes, panquecas e outros.

❋ RESGATAR DO FREEZER DE VEZ EM QUANDO UMA TORTINHA OU QUICHE CONGELADA E APENAS ADICIONAR FOLHAS COM LEGUMES RALADOS RESULTA EM UMA NUTRITIVA REFEIÇÃO, QUE PODE INCLUIR UM MOLHINHO ITALIANO PRONTO (MAS SE VOCÊ PUDER PREPARAR E CONGELAR O ALIMENTO SERÁ AINDA MELHOR PARA SUA DIETA).

❋ A SALADA EM POTE DE VIDRO É UMA ALTERNATIVA DURADOURA (PODE SER MANTIDA BEM ARMAZENADA NO REFRIGERADOR POR UMA SEMANA, SE NÃO INCLUIR PROTEÍNA, OU POR DOIS DIAS SE ELA FOR ACRESCENTADA, DESDE QUE A ORDEM DE COMPOSIÇÃO DOS ITENS SEJA RESPEITADA) E QUE NÃO ENJOA, PORQUE OS INGREDIENTES PODEM SER SEMPRE ALTERADOS. COLOQUE NO POTE NESTA SEQUÊNCIA (NÃO É NECESSÁRIO INCLUIR TODOS OS ITENS; APENAS OS DE SUA PREFERÊNCIA, EMBORA O PRATO SEJA MAIS NUTRITIVO NA VERSÃO COMPLETA):

7º E ÚLTIMO: CASTANHAS OU SEMENTES
6º: FOLHAS
5º: CARBOIDRATO
4º: PROTEÍNA
3º: LEGUMINOSAS OU CEREAIS
2º: LEGUMES DENSOS
1º: MOLHO

AO VIRAR O POTE NO PRATO, AS CAMADAS FICAM PERFEITAMENTE MONTADAS.

❋ PANELAS E FORNOS DO TIPO AIR FRYER PREPARAM ÓTIMOS GRELHADOS: BASTA "FRITÁ--LOS" (SEM ÓLEO) A 180 GRAUS POR QUINZE A VINTE MINUTOS (DEPENDENDO DA POTÊNCIA DA PANELA E DO PONTO DA CARNE DE SUA PREFERÊNCIA). FRANGO A PASSARINHO TAMBÉM FICA EXCELENTE, MAS COSTUMA LEVAR MAIS TEMPO PARA FICAR PRONTO.

PANELAS ELÉTRICAS DE ARROZ TAMBÉM SÃO PRÁTICAS: É POSSÍVEL INSERIR NO APARELHO OS INGREDIENTES E ESQUECÊ-LOS, ATÉ QUE O DISPOSITIVO SONORO INDIQUE QUE O PRATO ESTÁ PRONTO (MAS ATENÇÃO: ALGUNS MODELOS ESPECÍFICOS NÃO CONTÊM ESSE INDICADOR, ENTÃO OBSERVE ESSE DETALHE ANTES DA COMPRA). OUTRA VANTAGEM É QUE ALGUMAS DELAS CONTÊM UM CESTO SEPARADO PARA COZINHAR, AO MESMO TEMPO, LEGUMES NO VAPOR.

EMBORA O BRASILEIRO EM GERAL NÃO TENHA ESSE HÁBITO, A UTILIZAÇÃO DA LAVA-LOUÇAS É UM DOS MAIORES BENEFÍCIOS EM TERMOS DE ECONOMIA DE TEMPO NA COZINHA. OS MODELOS ATUAIS SÃO MUITO EFICIENTES, LAVANDO INCLUSIVE CRISTAIS E PANELAS (A NÃO SER AS QUE POSSUEM REVESTIMENTO EM TEFLON), ECONOMIZAM MAIS ÁGUA DO QUE A LOUÇA LAVADA NA MÃO, E COSTUMA HAVER BOAS OPÇÕES EM TERMOS DE CUSTO-BENEFÍCIO — VALE A PENA ATENTAR PARA PERÍODOS DE PROMOÇÃO, ESPECIALMENTE NO MÊS DE JANEIRO.

Quem não quer pôr a mão na massa nem comprar diretamente de restaurantes todos os dias (essas opções normalmente são mais carregadas no tempero) pode optar pela compra de refeições caseiras congeladas, atualmente fáceis de encontrar no sistema *delivery* — nesse caso, é recomendável (e agradável) intercalar com pratos feitos na hora de vez em quando —, ou ainda pela contratação de uma pessoa que prepare uma, duas ou três vezes por semana alguns pratos (pode ser uma cozinheira experiente, ou você pode treinar a seu modo alguém que tenha interesse em aprender), também com a possibilidade de congelar alguns itens para durarem mais. Velucci ainda traz uma observação importante: "Ao contratar esse serviço, procure estar a par de como os alimentos são preparados: muitas vezes a preparação é feita com muita gordura, sal e temperos prontos para dar mais sabor à comida, o que acaba prejudicando quem as consumirá".

Com simples medidas como essas, é comum as refeições ficarem prontas muito mais rapidamente do que pedindo em aplicativo para entrega — já fizemos o teste várias vezes!

DIFICULDADE EM BEBER ÁGUA

NÃO SÃO POUCAS AS PESSOAS QUE SE QUEIXAM DA DIFICULDADE EM BEBER ÁGUA COM FREQUÊNCIA. CASO ESSE SEJA O SEU CASO, ACOMPANHE ESTAS DICAS VALOROSAS APRESENTADAS PELA PROFISSIONAL:

→ FICA MAIS FÁCIL INGERIR UM VOLUME MAIOR DE ÁGUA QUANDO JÁ DEIXAMOS PREDEFINIDO PELA MANHÃ QUANTO LÍQUIDO PRETENDEMOS TOMAR MEDINDO COM UMA GARRAFA OU SOMANDO A QUANTIDADE DE COPOS NO DECORRER DO DIA.

→ COLOQUE ALARMES INDICANDO O HORÁRIO PARA A HIDRATAÇÃO — E, CADA VEZ QUE SE LEVANTAR PARA IR AO BANHEIRO, JÁ CONSUMA OUTRO COPO DE ÁGUA.

→ EXPERIMENTE SABORIZAR A ÁGUA COM LIMÃO, RODELAS DE LARANJA OU HORTELÃ.

A seguir, orientamos sobre como desenvolver uma relação de compras com base na sua rotina e obter maior controle de seu estoque.

MERCADO

Manter o estoque de mantimentos e materiais de limpeza em casa sob controle é a melhor maneira de evitar a perda de tempo em diversas saídas ou pausas para comprar on-line emergencialmente. Assim, julgamos interessante complementar nossas orientações com algumas dicas específicas sobre a organização e a manutenção desse estoque:

1. ANTES DE MAIS NADA, REALIZE NA DESPENSA E NA LAVANDERIA UMA VERIFICAÇÃO E TRIAGEM DE PRODUTOS QUE ESTEJAM FORA DE VALIDADE, DESCARTANDO-OS.

2. NA PRÓXIMA VEZ EM QUE FOR REALIZAR SUAS COMPRAS, ANOTE EM UMA LISTA (EM PAPEL OU DIGITALMENTE, COMO FOR MAIS PRÁTICO PARA VOCÊ) TUDO QUE NECESSITA COMPRAR, DEIXANDO ESPAÇO PARA INSERIR NOVOS ITENS CONFORME ISSO FOR OCORRENDO NAS COMPRAS SEGUINTES. PEÇA AOS DEMAIS RESIDENTES PARA CONTRIBUÍREM, ANOTANDO O QUE FALTA.

3. NÃO VÁ FAZER COMPRAS NO MERCADO COM FOME; ALIMENTE-SE ANTES DE SAIR: ISSO EVITA COMPRAS DE ALIMENTOS POR IMPULSO.

4. APÓS UM MÊS, VOCÊ PROVAVELMENTE TERÁ UMA RELAÇÃO PRATICAMENTE COMPLETA DOS TIPOS E QUANTIDADES DE ITENS NECESSÁRIOS PARA A ROTINA DE SUA CASA NESSE PERÍODO — OU SEJA, EM VEZ DE SEMPRE ANOTAR PRODUTO POR PRODUTO, AGORA VOCÊ TERÁ UMA LISTA FIXA, NA QUAL PODERÁ SIMPLESMENTE MARCAR AO LADO O QUE (E QUANTO) DEVERÁ SER COMPRADO A CADA VEZ.

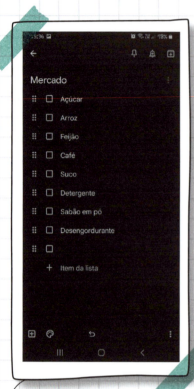

Figura 6 –
Exemplo de relação de mercado no Google Keep

5) Para quem é mais digital, ou tem o hábito de realizar compras semanais, em vez de mensais, talvez o recurso de aplicativo em celular seja até mais interessante: tanto o sistema Android como o Apple possuem aplicativos de relação de itens (Google Keep e Notas, respectivamente). Você pode utilizá-los para fazer sua lista de mercado e incluir outros residentes, para que possam acessar e atualizar a lista — até mesmo durante as compras, desde que tenham acesso a uma rede de internet. A opção de relação de mercado digital implica menor controle sobre o estoque, mas em compensação é mais dinâmica e prática. Funciona bem quando se tem um estoque supercontrolado por um sistema de organização, no qual só de bater os olhos você já sabe rapidamente o que falta, ou se costuma consumir poucos produtos em casa.

Sistema de organização para despensa e área de serviço

Se você pretende implantar um sistema de organização em sua despensa ou área de serviço, sugerimos seguir alguns passos:

>> REALIZE UMA TRIAGEM DOS PRODUTOS QUE VOCÊ REALMENTE UTILIZA E PRECISA TER SEMPRE EM CASA, DOANDO OU DESCARTANDO OS DEMAIS.

>> SEPARE CADA TIPO DE PRODUTO EM GRUPOS NAS PRATELEIRAS OU NO ARMÁRIO, DE MODO QUE POSSA VISUALIZAR TODOS OS ITENS, DE PREFERÊNCIA UM AO LADO DO OUTRO, E NÃO EM FILEIRA (UM ATRÁS DO OUTRO).

>> SE NECESSÁRIO, FAÇA DIVISÕES MENORES (OU SEJA, CRIE SUBGRUPOS) COM A UTILIZAÇÃO DE PRODUTOS ORGANIZADORES.

>> ETIQUETE A PRATELEIRA OU O ORGANIZADOR INDICANDO DO QUE SE TRATA CADA GRUPO (POR EXEMPLO, NO CASO DA DESPENSA: DOCES, SALGADOS, MASSAS, ETC.; OU, NO CASO DA ÁREA DE SERVIÇO: PRODUTOS PARA LAVAGEM DE ROUPA, DESINFETANTES, DETERGENTES, ETC.).

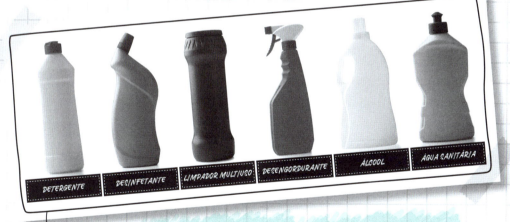

FIGURA 7- EXEMPLO DE ORGANIZAÇÃO DE PRODUTOS DE LIMPEZA: SE HOUVER ITENS REPETIDOS EM CADA GRUPO, ELES DEVERÃO SER COLOCADOS ENFILEIRADOS, PARA QUE VISUALMENTE SEJA POSSÍVEL VERIFICAR A QUANTIDADE DE NOVOS PRODUTOS A COMPRAR, DEPENDENDO DA ROTINA DE CADA CASA

Feito isso, de agora em diante, sempre que precisar atualizar suas compras, basta consultar o local onde foi aplicada a etiqueta e verificar se o item que deveria estar ali está faltando, adicionando-o à sua lista.

LIMPEZA

Além de cuidar do estoque de produtos, é importante estabelecer em sua casa uma rotina organizada de limpeza, de modo a não desperdiçar tempo com faxinas que ainda não precisam ser feitas nem deixar faltar a manutenção adequada de algum espaço esquecido, seja você ou não a pessoa que executará o serviço.

Outro ponto positivo da implantação desse sistema de organização é que, se o responsável pela limpeza for substituído, quem se encarregar da tarefa saberá exatamente o que deve ou não ser feito e com que frequência, sem ter de consultar ninguém.

Por fim, você terá estabelecido em sua casa a maneira mais adequada e funcional para as suas necessidades e as dos demais moradores.

A empresária e especialista no setor de limpeza Vivian Melos recomenda ficar de olho nos detalhes para não deixar a sujeira se acumular: "Se durante uma limpeza leve a pessoa vir uma parede suja, é melhor já aproveitar e limpar, porque assim não ficará sobrecarregada no momento da limpeza pesada".

Para criar sua rotina personalizada, siga os próximos passos:

(1) LISTE TODAS AS TAREFAS RELACIONADAS A LIMPEZA QUE ROTINEIRAMENTE SÃO REALIZADAS EM SUA CASA (OU QUE VOCÊ GOSTARIA QUE FOSSEM FEITAS).

(2) EM SEGUIDA, DIVIDA AS TAREFAS EM DOIS GRANDES GRUPOS: UM PARA AS MACROFAXINAS (COMO TIRAR O PÓ, LIMPAR O PISO, ASPIRAR CARPETES OU TAPETES) E OUTRO PARA LIMPEZAS MAIS DETALHADAS (DENTRO DE ARMÁRIOS E GAVETAS, POR EXEMPLO).

③ PARA O GRUPO DAS MACROFAXINAS, ESTABELEÇA UMA PERIODICIDADE CONFORME A CONVENIÊNCIA DA SUA CASA (TODA SEGUNDA-FEIRA, POR EXEMPLO).

· ATENÇÃO ·
PARA DEFINIR A PERIODICIDADE, É FUNDAMENTAL QUE VOCÊ E OS DEMAIS MORADORES DECIDAM ANTES SE PREFEREM DIVIDIR AS TAREFAS AO LONGO DA SEMANA (ALGUMAS POR DIA) OU EXECUTÁ-LAS TODAS DE UMA VEZ DURANTE DETERMINADO DIA INTEIRO.

④ PARA O GRUPO DAS LIMPEZAS DETALHADAS, ESTABELEÇA UMA PERIODICIDADE MAIS LONGA, TAMBÉM CONFORME A CONVENIÊNCIA DA CASA (NA PRIMEIRA SEXTA-FEIRA DO MÊS, POR EXEMPLO).

· ATENÇÃO ·
NO CASO DAS LIMPEZAS DETALHADAS, COMO NÃO PRECISAM SER REALIZADAS COM MUITA FREQUÊNCIA, ELAS PODEM SER ALTERNADAS AO LONGO DO ANO (ARMÁRIOS DA SALA EM UMA DATA, ARMÁRIOS DA COZINHA EM OUTRA DATA E ASSIM POR DIANTE).

⑤ UTILIZE UM CALENDÁRIO PERMANENTE PARA REGISTRAR A ROTINA DE LIMPEZA COM DATAS E TAREFAS PREDETERMINADAS E FAÇA CÓPIAS (SE PREFERIR, VOCÊ PODE CRIAR E IMPRIMIR UMA TABELA).

⑥ COM O PLANEJAMENTO EM MÃOS A CADA MÊS, VOCÊ OU A PESSOA RESPONSÁVEL PELA FAXINA SEGUIRÁ O CALENDÁRIO E RISCARÁ AS TAREFAS JÁ CUMPRIDAS, PREOCUPANDO-SE APENAS EM REPETI-LAS NAS DATAS PREVISTAS NO MÊS SEGUINTE.

Com esse controle, as limpezas serão realizadas no momento certo, sem que ninguém se perca nas datas ou no controle da sujeira, e de maneira totalmente adequada à rotina da casa.

Antes de iniciar qualquer limpeza, entretanto, Melos aconselha: "Sempre digo aos meus clientes que a melhor coisa é deixar a casa organizada, porque isso garante muito mais facilidade para fazer a limpeza, não importando se ela é leve ou pesada. A organização é tudo: você trabalha menos e os ambientes se mantêm sempre em ordem".

No quadro 1, incluímos uma amostra que pode servir de modelo para a criação da sua própria rotina.

Quadro 1 – Exemplo de relação de tarefas

1 vez por semana	A cada 15 dias	1 vez por mês	A cada 6 meses
» Lavar banheiros	» Limpar vidros	» Limpar armário da cozinha	» Limpar ar-condicionado
» Trocar toalhas	» Limpar janelas	» Limpar guarda-roupas	
» Limpar pisos	» Limpar portas	» Lavar tapetes	
» Aspirar carpetes			
» Trocar enxoval		» Limpar forno	
» Tirar o pó			

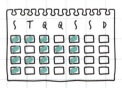

Quadro 2 – Exemplo de calendário com rotina de limpeza

DOM.	SEG.	TER.	QUA.	QUI.	SEX.	SÁB.
1	2 » LAVAR BANHEIROS » TROCAR TOALHAS	3 » LIMPAR VIDROS » LIMPAR JANELAS » LIMPAR PORTAS	4 » TIRAR O PÓ » LIMPAR PISOS » ASPIRAR CARPETES	5	6 » TROCAR ENXOVAL	7
8	9 » LAVAR BANHEIROS » TROCAR TOALHAS	10	11 » TIRAR O PÓ » LIMPAR PISOS » ASPIRAR CARPETES	12 » LIMPAR GUARDA-ROUPAS » LAVAR TAPETES	13 » TROCAR ENXOVAL	14
15	16 » LAVAR BANHEIROS » TROCAR TOALHAS	17 » LIMPAR VIDROS » LIMPAR JANELAS » LIMPAR PORTAS	18 » TIRAR O PÓ » LIMPAR PISOS » ASPIRAR CARPETES	19	20 » TROCAR ENXOVAL	21
22	23 » LAVAR BANHEIROS » TROCAR TOALHAS	24	25 » TIRAR O PÓ » LIMPAR PISOS » ASPIRAR CARPETES	26	27 » TROCAR ENXOVAL » LIMPAR ARMÁRIO DA COZINHA » LIMPAR FORNO	28
29	30	31				

Conclusão

Nossa proposta, com este livro, foi procurar prever e oferecer soluções para os desafios mais recorrentes que se impõem na adaptação para o trabalho em sistema home office. Sabemos, entretanto, que as novidades e a tecnologia não param, e que cotidianamente lidamos com muitos novos aprendizados. Felizmente, o ser humano dispõe de altíssima capacidade de adaptação, e é isso o que nos motiva a trabalhar buscando melhorias contínuas.

Entendemos que as vantagens desse sistema são imensas, especialmente no que se refere às relações sociais e culturais, o que nos leva a nos dedicar a tais pesquisas com muito carinho.

Os desafios são muitos, e sabemos que é quase impossível implantar todas as ideias de uma só vez, ou que tudo saia impecavelmente perfeito. Se ao menos uma orientação tiver utilidade prática ao leitor, já teremos conseguido iniciar uma mudança positiva. E, se conseguirmos oferecer caminhos, motivação e informações práticas, teremos atingido nosso objetivo com grande satisfação.

O importante é que, a cada dia, as condições de trabalho, vida e lazer sejam mais e mais facilitadas, mesmo que em ritmo lento, até que o nível de qualidade de vida tão desejado seja realmente atingido. E tudo indica que esteja mais perto do que nunca de acontecer.

Referências

BAÊNA, Tomás. A verdade sobre a fórmula 7-38-55. **InBodyLanguage**, out. 2019. Disponível em: https://inbodylanguage.com/a-verdade-sobre-a-formula/. Acesso em: 14 nov. 2022.

BARBOSA, Christian. **A tríade do tempo**: um modelo comprovado para organizar sua vida e aumentar sua produtividade e seu equilíbrio. São Paulo: Buzz Editora, 2018. p. 46, 54, 94.

CANDIDO, Cristiane Rossatto; DOMINGOS, Renata Mansuelo Alves; SANCHES, João Carlos Machado. Poluição visual: estudo da qualidade visual da cidade de Sinop – MT. *In*: CONGRESSO LUSO-BRASILEIRO PARA O PLANEJAMENTO URBANO, REGIONAL, INTEGRADO E SUSTENTÁVEL, 7., 2016, Maceió. **Anais** [...]. Maceió: Pluris, 2016. p. 4.

CHANNON, Ben. Healthy workspaces: the power of colour. **Work in Mind**, abr. 2020. Disponível em: https://workinmind.org/2020/04/02/healthy-workspaces-the-power-of-colour/. Acesso em: 5 dez. 2022.

COVEY, Stephen. **Os 7 hábitos das pessoas altamente eficazes**: lições poderosas para a transformação pessoal. 83. ed. Rio de Janeiro: Best Seller, 2019.

DAVIDSON, Jeff. **O mais completo guia sobre como lidar com o estresse**. São Paulo: Mandarim, 2001. p. 72, 88, 127, 142.

DE MASI, Domenico. **O ócio criativo**. Rio de Janeiro: Sextante, 2000. p. 145, 165.

DE MASI, Domenico; PEPE, Dunia (org.). **As palavras no tempo**: vinte e seis vocábulos da Encyclopédie reescritos para o ano 2000. São Paulo: José Olympio, 2003. p. 265-266, 272.

DEÂNDHELA, Tathiane. Faça o tempo trabalhar a seu favor. *In*: CONFERÊNCIA REORGANIZE AO VIVO. São Paulo, 2020a.

DEÂNDHELA, Tathiane. **Faça o tempo trabalhar para você e alcance resultados extraordinários**. 5. ed. São Paulo: Literare Books International, 2020b. p. 21, 26, 83.

FERREIRA, Paul. Força e execução do trabalho no Brasil: consequências da pandemia. **MIT Sloan Management Review Brasil**, maio 2022. Disponível em: https://portal.fgv.br/artigos/forca-e-execucao-trabalho-brasil-consequencias-pandemia. Acesso em: 30 nov. 2022.

FOCUS@WILL. Our Company. Disponível em: https://www.focusatwill.com/app/pages/company. Acesso em: 9 dez. 2022.

FRASER, Tom; BANKS, Adam. **O guia completo da cor**: livro essencial para a consciência das cores. Tradução: Renata Bottini. 2. ed. São Paulo: Editora Senac São Paulo, 2007.

GASPARINI, Cláudia. 7 dicas da neurociência para melhorar a sua concentração. **Exame**, 28 ago. 2015. Disponível em: https://exame.com/carreira/7-dicas-da-neurociencia-para-melhorar-a-sua-concentracao/. Acesso em: 6 dez. 2022.

GASPARINI, Cláudia. Você está escutando música do jeito errado no trabalho. **Exame**, 28 out. 2016. Disponível em: https://exame.com/carreira/voce-esta-escutando-musica-do-jeito-errado-no-trabalho/. Acesso em: 6 dez. 2022.

GLOBO. Trânsito melhor nas segundas e sextas-feiras. **G1**, São Paulo, 27 maio 2022. Disponível em: https://g1.globo.com/sp/sao-paulo/bom-dia-sp/video/transito-melhor-nas-segundas-e-sextas-feiras-10609815.ghtml. Acesso em: 29 nov. 2022.

GOLEMAN, Daniel. **Foco**: a atenção e seu papel fundamental para o sucesso. Rio de Janeiro: Objetiva, 2013.

GOOGLE WORKSPACE. O futuro do trabalho no Brasil: insights sobre a colaboração e novas formas de trabalho. **Google Cloud**, 2021. Disponível em: https://bit.ly/3Vh4JoR. Acesso em: 28 nov. 2022.

GURGEL, Miriam. **Organizando espaços**: guia de decoração e reforma de residências. 3. ed. São Paulo: Editora Senac São Paulo, 2017.

HUANG, Rong-Hwa; SHIH, Yi-Nuo. **Effects of background music on concentration of workers**. Xinzhuang City: Fu Jen Catholic University, 2011.

IMAGE CONSULTING BUSINESS INSTITUTE. **Image management**. 2023. Disponível em: https://www.imageconsultinginstitute.com/blog/image-management. Acesso em: 26 jan. 2023.

KALIL, Gloria. **Chic homem**: manual de moda e estilo. São Paulo: Editora Senac São Paulo, 2005.

KHOURY, Karim. **Vire a página**: estratégias para resolver conflitos. São Paulo: Editora Senac São Paulo, 2005. p. 35, 38.

KONDO, Marie. **A mágica da arrumação**. Rio de Janeiro: Sextante, 2015.

KONDO, Marie. **Isso me traz alegria**: um guia ilustrado da mágica da arrumação. Rio de Janeiro: Sextante, 2016.

LIPOVETSKY, Gilles. **A felicidade paradoxal**: ensaio sobre a sociedade de hiperconsumo. São Paulo: Companhia das Letras, 2007. p. 263.

LOURENÇO, Fátima; SAM, José Oliveira. **Vitrina**: veículo de comunicação e venda. 2. ed. São Paulo: Editora Senac São Paulo, 2018.

LUZ, Alessandro. Como iremos trabalhar no pós-pandemia? Descubra dados e insights sobre o futuro dos escritórios brasileiros. **Think with Google**, maio 2021. Disponível em: https://bit.ly/3irTa8A. Acesso em: 28 nov. 2022.

MARRA, Heloisa; REGO, Julio. **Estilo no trabalho**. Rio de Janeiro: Senac, 2002. p. 27.

PIAGET, Jean. **Epistemologia genética**. São Paulo: Martins Fontes, 2012.

PIO, Dirceu. **A força transformadora da comunicação interna**. Porto Alegre: Simplíssimo, 2017. p. 21.

PRESTON, Camille. Promoting employee happiness benefits everyone. **Forbes Media**, 13 dez. 2017. Disponível em: https://www.forbes.com/sites/forbescoachescouncil/2017/12/13/promoting-employee-happiness-benefits-everyone/?sh=4bc835355581a. Acesso em: 8 dez. 2022.

RAMACHANDRAN, Vignesh. Stanford researchers identify four causes for 'Zoom fatigue' and their simple fixes. **Stanford News**, 23 fev. 2021. Disponível em: https://news.stanford.edu/2021/02/23/four-causes-zoom-fatigue-solutions/. Acesso em: 8 dez. 2022.

SHORTSLEEVE, Cassie. Power naps: your guide to getting more shut-eye. **Healthline**, 2020. Disponível em: https://www.healthline.com/health/guide-to-power-naps#The-ideal-power-nap. Acesso em: 8 dez. 2022.

SODEXO. O futuro da vida no trabalho. **Sodexo Insights**, 2022. Disponível em: https://www.sodexobeneficios.com.br/sodexo-insights/ebook-o-futuro-da-vida-no-trabalho/index.htm. Acesso em: 29 nov. 2022.

VENCESLAU, Marcelo. Estas músicas te deixarão concentrado, dizem neurocientistas. **Exame**, 17 abr. 2014. Disponível em: https://exame.com/ciencia/estas-musicas-te-deixarao-concentrado-dizem-neurocientistas/. Acesso em: 6 dez. 2022.

WEIL, Pierre; TOMPAKOW, Roland. **O corpo fala**: a linguagem silenciosa da comunicação não verbal. 37. ed. Petrópolis: Vozes, 1995.

WESTGATE, Alice. **Cores em casa**: guia prático para decorar e harmonizar ambientes. Tradução: Monika Ottermann. São Paulo: Editora Senac São Paulo, 2016.

WILLIAMS, Mark; PENMAN, Danny. **Atenção plena**: *mindfulness* — como encontrar a paz em um mundo frenético. Rio de Janeiro: Sextante, 2015.

ENTREVISTAS

Caio Schleich, arquiteto (*fevereiro de 2022*)

Cilene Bolzachini, *pet sitter* (*fevereiro de 2022*)

Edison Lopes, adestrador de cães (*fevereiro de 2022*)

Gabriela Velucci, nutróloga (*janeiro de 2023*)

Jailson Souza da Fonseca, técnico de enfermagem (*junho de 2022*)

Karen Jircik, educadora física (*maio de 2022*)

Luís Pereira Justo, psiquiatra (*fevereiro e maio de 2022*)

Michela Costa Ferreira, técnica de enfermagem (*junho de 2022*)

Renata Soares de Carvalho, psicóloga (*maio de 2022*)

Rodrigo Marques, técnico sênior em tecnologia da informação (*março de 2022*)

Vivian Melos, empresária e especialista no setor de limpeza (*maio de 2022*)